声に出して覚える中学・高校6年分の英単語＋英熟語2400

Let's learn English words and phrases by reading aloud.

平山 篤

はじめに

みなさんご存じのように、子供たちが言葉を身につけていく様子を見ますと、確かに周りの音を取り入れて言葉を学び始めるのですが、1歳をすぎたころから、どんどん自ら発声することで、それを自分のものにしています。

これが本書の原点です。
つまり「自分の声は最高の学習ツールだ」というのが基本コンセプトになっています。

そこで本書はいろいろな「声出しトレーニング」ができる構成になっており、録音音声を追いかけたり、繰り返したり、日本語を英語に変換したりするうちに、いつの間にか英単語や英熟語が自分のものになる、そんなプログラムを用意しています。

もっとシンプルに、そしてもっとカジュアルに英単語や英熟語を身につけたい。そういった希望をお持ちの方をイメージして本書を作りました。
お楽しみください。

平山篤

Contents

本書の内容

① 作成方針

Done is better than perfect.（やり終えることは完璧さに勝る）
Facebookを立ち上げたMark Zuckerberg氏のこの言葉こそが、本書の作成方針です。ただ辞書的な内容を載せるのではなく、誰でもこの本を手に取れば最後まで読み終え、必要十分な力をつけることができる。そうしたものを目指しました。単語集はみなさんの目的地ではなく、英語の世界へと導くパスポートのようなものだと考えて本書は作られています。

② 掲載されている英単語・熟語

例文1つに英単語または熟語が3つずつ含まれています。よって例文800で合計2400語が見出し語としてリストアップされています。そしてそれらの追加情報として、派生語や関連語が付記されています。

③ 無料音声ファイル

今回みなさんをサポートするために、4つの音声ファイルを準備しました。

❶ 英語連続ファイル
❷ 英語ポーズ（無音部）付きファイル
❸ 日本語英語連続ファイル
❹ 日本語英語ポーズ（無音部）付きファイル

これらは指定されたサイトから無料ダウンロードできます。スマートフォンやパソコンに入れてご活用ください。

④ 略語

（動）動詞　（名）名詞　（形）形容詞　（副）副詞　（前）前置詞
（接）接続詞　（熟）熟語　（複）複数形　（過・過分）過去形・過去分詞

⑤ 訳語部分の表記例

(≒ understand): 類義語
(on): 直後に用いられやすい前置詞
(～of): 目的語の後に用いられやすい前置詞

ダウンロード音声について

「ベレ出版」ホームページ内、『声に出して覚える中学・高校6年分の英単語＋英熟語2400』の詳細ページで、ダウンロード方法についての説明を参照してください。

ダウンロードコード
uPtmMMpR

本書の各セクションの使い方

本書 1 左ページ左欄

単語のための例文というだけでなく、ここは速読練習に最適です。この部分を使って、ページの縦読みをすると速読ができるようになります。

本書 2 左ページ右欄

ここはセルフチェックに使いましょう。上から下まで15個をざっと見ていって、本当に覚えられたかスピードチェックできます。例文を読んだ後なら結構いけるはずです。

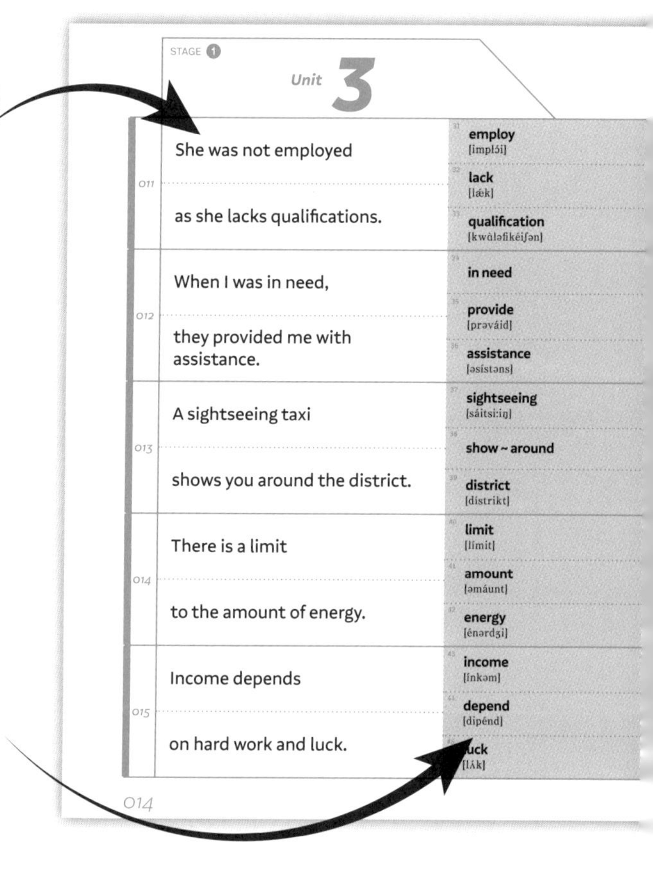

STAGE 1

Unit 3

011	She was not employed	employ [implɔ́i]
	as she lacks qualifications.	lack [lǽk]
		qualification [kwɑ̀ləfikéiʃən]
012	When I was in need,	in need
	they provided me with assistance.	provide [prəváid]
		assistance [əsístəns]
013	A sightseeing taxi	sightseeing [sáitsìːiŋ]
	shows you around the district.	show ~ around
		district [dístrikt]
014	There is a limit	limit [límit]
	to the amount of energy.	amount [əmáunt]
		energy [énərdʒi]
015	Income depends	income [ínkəm]
	on hard work and luck.	depend [dipénd]
		luck [lʌ́k]

014

音声ファイル

英語連続ファイルはリスニングやシャドーイングに使ってください。

音声ファイル

英語ポース付きファイルはリピート用です。イントネーション（抑揚）を真似ると英語のリズムを身につけることができます。

Track No, 003

彼女は雇われなかった	31 (動) **〜を雇う** employment (名) 雇用
彼女に資格がないので。	32 (動) **〜を欠く** (名) 欠乏 33 (名) **資格** qualify (動) 〜に資格を与える
私が困っていた時、	34 (熟) **困っている**
彼らは私に援助を提供した。	35 (動) **〜を提供する** 36 (名) **援助** assist (動) 〜を援助する
観光タクシーが	37 (名) **観光** see the sights of 〜を観光する
君にその地区の案内をする。	38 (熟) **〜を案内する** 39 (名) **地区**
限界がある	40 (名) **限界** (動) 〜を制限する
エネルギーの量には。	41 (名) **量** (動) 達する (to) 42 (名) **エネルギー**
収入は依存している	43 (名) **収入** expense (名) 支出 44 (動) **依存する** (on) dependence (名) 依存
勤労と運に。	45 (名) **運** lucky (形) 幸運な

015

本書 3 右ページ左欄

ここを使って英作練習をしましょう、「話せる力」を身につけることができます。これも「声出しトレーニング」の後なら、頭に残っている音を頼りに、英文をOUTPUTすることができると思います。

本書 4 右ページ右欄

声出しトレーニングを終えた後、派生語や関連語を見て知識を増やしましょう。またこれらの単語は、参照用のために記載されており複数個所に顔を出すものもあります。

音声ファイル 

日本語英語連続ファイルは、自宅にいるときはもちろん、運転中や通勤通学時の電車内で威力を発揮します。本を開くことなく意味を確認できます。

音声ファイル 

日本語英語ポーズ付きファイルは仕上げ用です。日本語を聞いてそれを英語に変換します。最初は難しいかもしれませんがクイズ感覚で楽しんでください。

トレーニングスケジュール

レベル1

本を開いて、音声ファイル①を聞きましょう。まずは「見ながらシャドーイング＝本を見ながら音声を聞きながら声を出してみる」からスタートしてみましょう。

レベル2

音声ファイル③を使います。本を開く必要がないのでどこででも出来ます。意味を確認しながら英語を聞けるので、これを繰り返しやっておけばＩＮＰＵＴの面で効果的です。確実に単語が意味を伴って耳になじんできます。

レベル3

音声ファイル②を使ってリピート練習です。意味が捉えられないものも出るかもしれませんが、とりあえず繰り返してみましょう。徐々に細部の音が再現できるようになります。

レベル4

音声ファイル①を再び使ってシャドーイングをしてみましょう。今度は本を開きません。いきなりシャドーイングというのは難しいのですが、ここまでくればかなり音声が自分の中に入っているはずです。できないところがあっても中断することなく、決めた時間は続けた方が効率的です。

レベル5

音声ファイル④を使います。日本語を聞いて瞬時に英語に直します。同時通訳者になったつもりで英語変換をしてみましょう。自分の力を試す良いチャンスです。これができたら完成です！

レベル6（番外編）

できるだけ速いスピードで、左ページ左欄の英文を縦に読んでいきます。ポイントは一度に1行すべてを見るようにしてください。このトレーニングを積むと、一度に多くの単語を見る習慣がつき、英文を読む際のスピードアップに役立ちます。

正確な発音をモノする！

① 3つの発音

現時点で「どうも自分は発音に自信がない...」と思われている方も、以下の3点を意識するだけで、今すぐ発音を変えることができます。キーワードは「接触」です。

❶ th

これを見たら、舌先と上前歯の先端を接触させます。舌先を噛む感じにして、「スッ」あるいは「ズッ」と発音します。

例としては、「スッ」はthree, think 「ズッ」はthis thatです。

thatなどが発音しにくい場合は、最初th/a/tと3か所に分けて発音してみてください。そのあと普通に発音すればできると思います。

❷ fとv

これらの文字を見たら、上前歯の先を下唇に接触させてください。その上でfは「フッ」,vは「ブッ」と言うだけです。

例としては、four, video, five などがあります。

この接触がないとvのところで[b]の発音になっている可能性が高いです。

❸ rとl

この区別は、舌先をイメージするだけで簡単にできます。まず舌先をどこにも接触させずに「ラリルレロ」と言ってみましょう。それがrの音です。次に、舌先を上前歯裏側の根本あたりに接触させて「ラリルレロ」と言ってみます。これでlの発音ができました。

例としては、red, letter, really, などです。

② 発音記号

英語は発音が不規則なため、やはり発音記号が読めると便利です。詳しくは専門書に譲るとして、とりあえず以下の特殊記号さえ知ってしまえば、あとはローマ字感覚で大体いけます。

母音 [æ] cat [ʌ] cut [ɑ] box [əː] work [ɔː] ball

子音 [θ] three [ð] this / [ʃ] ship [ʒ] vision / [ʧ] peach [ʤ] jam

上の子音は3組の無声音・有声音ペアです。[ʒ]と[ʤ]の区別がつかない場合は、まず[ʃ]を言って、その舌の位置で[ʒ]を言ってください。[ʤ]についても同様です。

STAGE 1

Unit 1

001	Don't worry.	1	**worry**	[wə́:ri]
		2	**solve**	[sálv]
	We can solve the problem.	3	**problem**	[prábləm]
002	You can trust her.	4	**trust**	[trʌ́st]
		5	**honest**	[ánəst]
	She is honest and reliable.	6	**reliable**	[riláiəbl]
003	The shy boy	7	**shy**	[ʃái]
		8	**remain**	[riméin]
	remained quiet.	9	**quiet**	[kwáiət]
004	At first, sales increased,	10	**at first**	
		11	**increase**	[inkrí:s]
	but later decreased.	12	**decrease**	[dikrí:s]
005	It costs little.	13	**cost**	[kɔ́:st]
		14	**decide**	[disáid]
	So, I decided to select it.	15	**select**	[səlékt]

悩まないで。	1 (動) **悩む** (名) 悩み 2 (動) **〜を解決する** solution (名) 解決
私たちはその問題を解決できる。	3 (名) **問題** problematic (形) 問題の
君は彼女を信頼できる。	4 (動) **〜を信頼する** (名) 信頼 5 (形) **正直な** honesty (名) 正直
彼女は正直で頼りになる。	6 (形) **頼りになる** rely (動) 頼る (on)
その内気な少年は	7 (形) **内気な** shyness (名) 内気さ 8 (動) **とどまる**
静かなままだった。	9 (形) **静かな**
最初、売り上げは増えた、	10 (熟) **最初** 11 (動) **増加する** [ˊ –] (名) 増加
しかし後で減った。	12 (動) **減少する** [ˊ –] (名) 減少
それはほとんど費用がかからない。	13 (動) **(費用が) かかる** (名) 費用 14 (動) **〜を決める** decision (名) 決定
だから、私はそれを選ぶことに決めた。	15 (動) **〜を選ぶ** selection (名) 選別

STAGE 1

Unit 2

006	He blames himself	16	**blame** [bléim]
		17	**complete** [kəmplí:t]
	for a complete failure.	18	**failure** [féiljər]
007	It's evident	19	**evident** [évədənt]
		20	**attitude** [ǽtit(j)ù:d]
	his attitude irritated them.	21	**irritate** [írətèit]
008	In spite of my effort,	22	**in spite of**
		23	**effort** [éfərt]
	I achieved nothing.	24	**achieve** [ətʃí:v]
009	We are not allowed	25	**allow** [əláu]
		26	**enter** [éntər]
	to enter the palace.	27	**palace** [pǽləs]
010	My judgment	28	**judgment** [dʒʌ́dʒmənt]
		29	**base** [béis]
	is based on the facts.	30	**fact** [fǽkt]

彼は自分を責めている	16 (動) **〜を責める** (人 for 事 / 事 on 人)
	17 (形) **完全な** (動) 〜を完成する completion (名) 完成
完全な失敗に対して。	18 (名) **失敗** fail (動) 失敗する
それは明らかだ	19 (形) **明らかな** evidence (名) 証拠
	20 (名) **態度**
彼の態度が彼らをイラつかせた。	21 (動) **〜をイラつかせる**
私の努力にもかかわらず、	22 (熟) **〜にもかかわらず** (≒ despite)
	23 (名) **努力**
私は何も達成しなかった。	24 (動) **〜を達成する** achievement (名) 達成
私たちは許されていない	25 (動) **〜を許す** allowance (名) 手当
	26 (動) **〜に入る** entry (名) 入場
その宮殿に入ることを。	27 (名) **宮殿**
私の判断は	28 (名) **判断** judge (動) 判断する (名) 判事
	29 (動) **〜を基づかせる** (名) 基部
その事実に基づいている。	30 (名) **事実**

STAGE 1

Unit 3

011	She was not employed	31 **employy** [implɔ́i]
	as she lacks qualifications.	32 **lack** [lǽk] 33 **qualification** [kwɑ̀ləfikéiʃən]
012	When I was in need,	34 **in need** 35 **provide** [prəváid]
	they provided me with assistance.	36 **assistance** [əsístəns]
013	A sightseeing taxi	37 **sightseeing** [sáitsi:iŋ] 38 **show ~ around**
	shows you around the district.	39 **district** [dístrikt]
014	There is a limit	40 **limit** [límit] 41 **amount** [əmáunt]
	to the amount of energy.	42 **energy** [énərdʒi]
015	Income depends	43 **income** [ínkəm] 44 **depend** [dipénd]
	on hard work and luck.	45 **luck** [lʌ́k]

彼女は雇われなかった	31 (動) **～を雇う** employment (名) 雇用 32 (動) **～を欠く** (名) 欠乏
彼女に資格がないので。	33 (名) **資格** qualify (動) ～に資格を与える
私が困っていた時、	34 (熟) **困っている** 35 (動) **～を提供する**
彼らは私に援助を提供した。	36 (名) **援助** assist (動) ～を援助する
観光タクシーが	37 (名) **観光** see the sights of ～を観光する 38 (熟) **～を案内する**
君にその地区の案内をする。	39 (名) **地区**
限界がある	40 (名) **限界** (動) ～を制限する 41 (名) **量** (動) 達する (to)
エネルギーの量には。	42 (名) **エネルギー**
収入は依存している	43 (名) **収入** expense (名) 支出 44 (動) **依存する** (on) dependence (名) 依存
勤労と運に。	45 (名) **運** lucky (形) 幸運な

STAGE 1

Unit 4

016	Some follow the order,	46 **some, others**
		47 **follow** [fάlou]
	but others don't.	48 **order** [ɔ́:rdər]
017	He merely pretends	49 **merely** [míərli]
		50 **pretend** [priténd]
	to be enlightened.	51 **enlightened** [inláitənd]
018	My department	52 **department** [dipά:rtmənt]
		53 **research** [risə́:rtʃ]
	is Research and Development.	54 **development** [divéləpmənt]
019	The consumption tax	55 **consumption** [kənsʌ́mpʃən]
		56 **include** [inklú:d]
	is included in the retail prices.	57 **retail** [rí:teil]
020	To avoid mistakes,	58 **avoid** [əvɔ́id]
		59 **take one's time**
	we took our time calculating it.	60 **calculate** [kǽlkjulèit]

一部の人はその命令に従う、	46 (熟) **〜もあれば、〜もある** 47 (動) **〜に従う**、〜について行く
しかし他の人はそうしない。	48 (名) **命令**、順序 (動) 〜を命じる
彼は単にふりをしている	49 (副) **単に** mere (形) 単なる 50 (動) **ふりをする** pretention (名) ふり
見識があるという。	51 (形) **見識がある** enlighten (動) 〜を啓発する
私の部門は	52 (名) **部門** 53 (名) **研究** (動) 〜を研究する
研究開発（R&D）だ。	54 (名) **開発**、発達 develop (動) 〜を開発する、発達する
消費税は	55 (名) **消費** consume (動) 〜を消費する 56 (動) **〜を含む** inclusion (名) 含有
小売価格に含まれている。	57 (名) **小売り** wholesale (名) 卸売り
間違いを避けるために、	58 (動) **〜を避ける** avoidance (名) 逃避 59 (熟) **時間をかける**
私たちはその計算に時間をかけた。	60 (動) **〜を計算する** calculation (名) 計算

STAGE 1

Unit 5

021	We regard him as a genius / for his great skills.	61 **regard** [rigɑ́:rd] 62 **genius** [dʒí:niəs] 63 **skill** [skíl]
022	We are promoting / the sales of a new product.	64 **promote** [prəmóut] 65 **sale** [séil] 66 **product** [prɑ́dʌkt]
023	Let's stop wasting resources. / It's for our posterity.	67 **waste** [wéist] 68 **resource** [rí:sɔ:rs] 69 **posterity** [pɑstérəti]
024	Surprisingly enough, / she admits she deceived me.	70 **surprisingly enough** 71 **admit** [ædmít] 72 **deceive** [disí:v]
025	I apologize for my foolish behavior. / Please forgive me.	73 **apologize** [əpɑ́lədʒàiz] 74 **foolish** [fú:liʃ] 75 **forgive** [fərgív]

私たちは彼を天才とみなす	61	(動) **〜をみなす** (〜 as)　(名) 敬意
	62	(名) **天才**
彼の優れた技能のために。	63	(名) **技能** skillful (形) 熟練した
私たちは促進している	64	(動) **〜を促進する**、〜を昇進させる promotion (名) 促進、昇進
	65	(名) **販売**
新製品の販売を。	66	(名) **製品** produce (動) 〜を生産する
資源の浪費をやめよう。	67	(動) **〜を浪費する** (名) 浪費、廃棄物
	68	(名) **資源**
それは私たちの子孫のためだ。	69	(名) **子孫**
驚くべきことに、	70	(熟) **驚くべきことに**
	71	(動) **〜を認める**、〜を入れる admission (名) 自認、入場
彼女は私をだましたと認めている。	72	(動) **〜をだます** deception (名) ごまかし
私の愚かな振る舞いを謝罪します。	73	(動) **謝罪する** apology (名) 謝罪
	74	(形) **愚かな** fool (名) 愚か者
どうか私を許してください。	75	(動) **〜を許す**

STAGE 1

Unit 6

No.	Sentence	No.	Word	Pronunciation
026	We share	76	**share**	[ʃéər]
		77	**range**	[réindʒ]
	a wide range of knowledge.	78	**knowledge**	[nálidʒ]
027	I draw a line	79	**draw**	[dró:]
		80	**public**	[pʌ́blik]
	between public and private life.	81	**private**	[práivət]
028	First of all, you should prove	82	**first of all**	
		83	**prove**	[prú:v]
	you are worthy of trust.	84	**worthy of**	
029	Rumors spread quickly.	85	**rumor**	[rú:mər]
		86	**spread**	[spréd]
	They're impossible to stop.	87	**impossible**	[impásəbl]
030	This sign	88	**sign**	[sáin]
		89	**represent**	[rèprizént]
	represents danger.	90	**danger**	[déindʒər]

私たちは共有する	76 (動) **～を共有する** (名) 分け前
	77 (名) **範囲** (動) 及ぶ
幅広い範囲の知識を。	78 (動) **知識** know (動) ～を知る
私は一線を引く	79 (動) **～を引く**、～を描く (過 drew 過分 drawn)
	80 (形) **公的な** (名) 大衆
公的と私的な生活の間に。	81 (形) **私的な** privacy (名) 私生活
まず第一に、君は証明すべきだ	82 (熟) **まず第一に**
	83 (動) **～を証明する**、～とわかる proof (名) 証明
君が信頼に値することを。	84 (熟) **～に値する**
うわさは素早く広がる。	85 (名) **うわさ**
	86 (動) **広がる**、～を広げる (過・過分 spread)
それらは止められない。	87 (形) **不可能な** possible (形) 可能な
この印は	88 (名) **印**、きざし
	89 (動) **～を表す**、～を代表する representation (名) 表示、代表
危険を表している。	90 (名) **危険** dangerous (形) 危険な

STAGE 1

Unit 7

No.	Phrase	#	Word	Pronunciation
031	We recognize	91	**recognize**	[rékəgnàiz]
		92	**vital**	[váitl]
	it is vital to conserve nature.	93	**conserve**	[kənsə́:rv]
032	You should know better	94	**know better**	
		95	**purchase**	[pə́:rtʃəs]
	than to purchase such useless things.	96	**useless**	[jú:sləs]
033	He suggests	97	**suggest**	[sə(g)dʒést]
		98	**introduce**	[ìntrəd(j)ú:s]
	we introduce the latest type.	99	**latest**	[léitist]
034	She tends to weep	100	**tend**	[ténd]
		101	**weep**	[wí:p]
	for no reason.	102	**reason**	[rí:zn]
035	They choose	103	**choose**	[tʃú:z]
		104	**continue**	[kəntínju:]
	to continue the present system.	105	**present**	[préznt]

私たちは認める	91	(動) **～を認める** recognition (名) 認識
	92	(形) **重要な** vitality (名) 活力
自然を保護することは重要だ。	93	(動) **～を保存する** conservation (名) 保存
君は分別を持つべきだ	94	(熟) **分別がある**
	95	(動) **～を購入する** (名) 購入
そんな無用なものを購入する以上の。	96	(形) **無用な** useful (形) 役立つ
彼は提案している	97	(動) **～を提案する**、～を示唆する suggestion (名) 提案、示唆
	98	(動) **～を導入する**、～を紹介する introduction (名) 導入、紹介
私たちが最新型を導入することを。	99	(形) **最新の** late (形) 遅い
彼女は泣く傾向がある	100	(動) **傾向がある** tendency (名) 傾向
	101	(動) **泣く**
何の理由もなく。	102	(名) **理由** (動) ～を推論する
彼らは選ぶ	103	(動) **～を選ぶ** choice (名) 選択 (過 chose 過分 chosen)
	104	(動) **～を続ける** continuous (形) 継続的な
現行システムを続けることを。	105	(形) **現在の**、存在した (名) 贈り物 [– ˊ] (動) ～を与える

STAGE 1

Unit 8

036	I possess	106 **possess** [pəzés]
		107 **a variety of**
	a variety of licenses.	108 **license** [láisəns]
037	Nobody realizes	109 **realize** [rí:əlàiz]
		110 **serious** [síəriəs]
	how serious the situation is.	111 **situation** [sìtʃuéiʃən]
038	The noise prevents me	112 **noise** [nɔ́iz]
		113 **prevent** [privént]
	from concentrating on my work.	114 **concentrate** [kɑ́nsəntrèit]
039	They invented a clever way	115 **invent** [invént]
		116 **clever** [klévər]
	to transmit messages.	117 **transmit** [trænsmít]
040	FBI stands for	118 **stand for**
		119 **federal** [fédərəl]
	Federal Bureau of Investigation.	120 **investigation** [invèstəgéiʃən]

私は所有する	106 (動) **〜を所有する** possession (名) 所有
	107 (熟) **さまざまな** (≒ various)
さまざまな免許を。	108 (名) **免許** (動) 〜を認可する
誰もわかっていない	109 (動) **〜を悟る**、〜を実現する realization (名) 認識、実現
	110 (形) **深刻な**、まじめな
その状況がどれほど深刻か。	111 (名) **状況** situate (動) 〜を位置づける
その騒音は私を妨げる	112 (名) **騒音**
	113 (動) **〜を妨げる** (〜 from) prevention (名) 防止
私の仕事に集中しないように。	114 (動) **集中する** (on) concentration (名) 集中
彼らは賢い方法を発明した	115 (動) **〜を発明する**、〜を作り上げる invention (名) 発明
	116 (形) **賢い**
メッセージを伝えるための。	117 (動) **〜を伝える** transmission (名) 伝達
FBI は表している	118 (熟) **〜を表す** (≒ represent)
	119 (形) **連邦の** federation (名) 連邦
連邦捜査局を。	120 (名) **捜査** investigate (動) 〜を捜査する

STAGE 1

Unit 9

041	I moved to a suburb with rich greenery.	121 **move** [mú:v] 122 **suburb** [sʌ́bə:rb] 123 **greenery** [grí:nəri]
042	Finally, she recovered from her illness.	124 **finally** [fáinəli] 125 **recover** [rikʌ́vər] 126 **illness** [ílnəs]
043	The institute was established in the last century.	127 **institute** [ínstət(j)ù:t] 128 **establish** [istǽbliʃ] 129 **century** [séntʃəri]
044	According to the forecast, the weather will be good.	130 **according to** 131 **forecast** [fɔ́:rkæ̀st] 132 **weather** [wéðər]
045	They seem to be satisfied with the meal.	133 **seem** [sí:m] 134 **satisfy** [sǽtisfài] 135 **meal** [mí:l]

私は郊外へ引っ越した	121 (動) **引っ越す**、～を動かす
	122 (名) **郊外** suburban (形) 郊外の
緑の豊かな。	123 (名) **緑樹**
ついに、彼女は回復した	124 (副) **ついに** final (形) 最後の
	125 (動) **回復する** (from) recovery (名) 回復
彼女の病気から。	126 (名) **病気** ill (形) 病気の
その研究所は設立された	127 (名) **研究所**　(動) ～を制定する
	128 (動) **～を設立する** establishment (名) 設立
前世紀に。	129 (名) **世紀**
その予報によれば	130 (熟) **～によれば**
	131 (名) **予報**　(動) ～を予報する
天気はいいだろう。	132 (名) **天気**
彼らは満足しているようだ	133 (動) **～のようだ**
	134 (動) **～を満足させる** satisfaction (名) 満足
その食事に。	135 (名) **食事**

STAGE 1

Unit 10

046	I analyze data	136	**analyze** [ǽnəlàɪz]
		137	**accurately** [ǽkjurətli]
	accurately and carefully.	138	**carefully** [kéərfəli]
047	Enemies surround us.	139	**enemy** [énəmi]
		140	**surround** [səráund]
	It is like a living hell.	141	**hell** [hél]
048	She gained freedom	142	**gain** [géin]
		143	**in exchange for**
	in exchange for the information.	144	**information** [ìnfərméiʃən]
049	He revealed his occupation.	145	**reveal** [riví:l]
		146	**occupation** [ɑ̀kjupéiʃən]
	It surprised us.	147	**surprise** [sərpráiz]
050	I claimed	148	**claim** [kléim]
		149	**legal** [lí:gəl]
	my legal rights.	150	**right** [ráit]

私はデータを分析する	136	(動) **〜を分析する** analysis (名) 分析
	137	(副) **正確に** accurate (形) 正確な
正確にそして注意深く。	138	(副) **注意深く** careful (形) 注意深い
敵が私たちを囲んでいる。	139	(名) **敵**
	140	(動) **〜を囲む**
それは生き地獄のようだ。	141	(名) **地獄** heaven (名) 天国
彼女は自由を得た	142	(動) **〜を得る** (名) 利益
	143	(熟) **〜と引き換えに**
その情報と引き換えに。	144	(名) **情報** inform (動) 〜に伝える (〜 of)
彼は自分の職業を明らかにした。	145	(動) **〜を明らかにする** revelation (名) 発見
	146	(名) **職業**、占有 occupy (動) 〜を占める
それは私たちを驚かせた。	147	(動) **〜を驚かす** (名) 驚き
私は主張した	148	(動) **〜を主張する** (名) 主張
	149	(形) **法的な**
私の法的な権利を。	150	(名) **権利** (形) 正しい

STAGE 1

Unit 11

051	They seek	151	**seek** [sí:k]
		152	**financial** [finǽnʃəl]
	our financial aid.	153	**aid** [éid]
052	We remove obstacles	154	**remove** [rimú:v]
		155	**obstacle** [ábstəkl]
	that are in the way.	156	**in the way**
053	His words inspire me	157	**inspire** [inspáiər]
		158	**pursue** [pərsú:]
	to pursue my childhood dream.	159	**childhood** [tʃáildhùd]
054	She is a legend.	160	**legend** [lédʒənd]
		161	**hesitate** [hézətèit]
	So, I hesitate to criticize her.	162	**criticize** [krítəsàiz]
055	They'll force me to obey the rule.	163	**force** [fɔ́:rs]
		164	**obey** [oubéi]
	But I'll reject it.	165	**reject** [ridʒékt]

彼らは求めている	151 (動) **〜を求める** (過・過分 sought)
	152 (形) **金銭的な**、財務の finance (名) 財務
私たちの金銭的な援助を。	153 (名) **援助**　(動) 援助する
私たちは障害を取り除く	154 (動) **〜を取り除く** removal (名) 除去
	155 (名) **障害**
それらは邪魔になっている。	156 (熟) **邪魔になって**
彼の言葉は私を奮起させる	157 (動) **〜を奮起させる** inspiration (名) ひらめき
	158 (動) **〜を追求する** pursuit (名) 追求
幼い頃の夢を追求するように。	159 (名) **幼年期**
彼女は伝説の人物だ。	160 (名) **伝説 (の人物)** legendary (形) 伝説上の
	161 (動) **ためらう** hesitation (名) ためらい
だから私は彼女への批判をためらう。	162 (動) **〜を批判する** criticism (名) 批判
彼らは私に規則に従うように強いるだろう。	163 (動) **〜を強いる**　(名) 力
	164 (動) **〜に従う** obedience (名) 従順
しかし私はそれを拒絶するつもりだ。	165 (動) **〜を拒絶する** rejection (名) 拒絶

STAGE 1

Unit 12

056	The economy will grow	166	**economy** [ikánəmi]
		167	**grow** [gróu]
	at the rate of 2%.	168	**at the rate of**
057	I acquired the ability	169	**acquire** [əkwáiər]
		170	**ability** [əbíləti]
	to feed my family.	171	**feed** [fí:d]
058	The drought caused famine	172	**drought** [dráut]
		173	**famine** [fǽmin]
	and destroyed their life.	174	**destroy** [distrɔ́i]
059	Demand and supply	175	**demand** [dimǽnd]
		176	**supply** [səplái]
	interact in a market.	177	**interact** [ìntərǽkt]
060	He came up with an innovative idea,	178	**come up with**
		179	**innovative** [ínəvèitiv]
	and we adopted it.	180	**adopt** [ədápt]

経済は成長するだろう	166 (名) **経済** economical (形) 経済的な 167 (動) **成長する** growth (名) 成長
2%の率で。	168 (熟) **〜の率で** rate (名) 割合
私はその能力を得た	169 (動) **〜を得る** acquisition (名) 取得 170 (名) **能力**
家族を食べさせるために。	171 (動) **〜を食べさせる** food (名) 食べ物
その干害は飢饉を引き起こした	172 (名) **干害** dry (形) 乾燥した 173 (名) **飢饉** (ききん)
そして彼らの生活を破壊した。	174 (動) **〜を破壊する** destruction (名) 破壊
需要と供給が	175 (名) **需要**、要求　(動) 〜を要求する 176 (名) **供給**　(動) 〜を供給する
市場で相互作用する。	177 (動) **相互作用する** interaction (名) 相互作用
彼は革新的な考えを思いついた、	178 (熟) **〜を思いつく** 179 (形) **革新的な** innovation (名) 革新
そして私たちはそれを採用した。	180 (動) **〜を採用する**、〜を養子にする adoption (名) 採用、養子縁組

STAGE 1

Unit 13

061	Imagine you were born	181 **imagine** [imǽdʒin] 182 **born** [bɔ́:rn]
	to a royal family.	183 **royal** [rɔ́iəl]
062	We are preparing	184 **prepare** [pripéər] 185 **explore** [eksplɔ́:r]
	to explore an alien planet.	186 **alien** [éiljən]
063	I joined	187 **join** [dʒɔ́in] 188 **start-up** [stɑ́:rtʌp]
	a start-up company.	189 **company** [kʌ́mpəni]
064	I've been left behind.	190 **leave ~ behind** 191 **make up for**
	I must make up for the delay.	192 **delay** [dɪléɪ]
065	I wasn't aware	193 **aware** [əwéər] 194 **approach** [əpróutʃ]
	he approached me from behind.	195 **behind** [biháind]

君が生まれたと想像してみなさい	181 (動) **〜を想像する** imagination (名) 想像 182 (形) **生まれた** bear (動) 〜を産む、〜を負う
王家に。	183 (形) **王の**
私たちは準備している	184 (動) **準備する** (for)、〜を用意する preparation (名) 準備 185 (動) **〜を探検する** exploration (名) 探検
他の惑星を探検するための。	186 (形) **外部の**
私は加わった	187 (動) **〜に加わる**、〜を接合する joint (名) 接合 188 (形) **新規事業の**
新規事業の会社に。	189 (名) **会社**、仲間
私は取り残された。	190 (熟) **〜を取り残す** 191 (熟) **〜を埋め合わす** (≒ compensate for)
私は遅れを取り戻さなければならない。	192 (名) **遅れ** (動) 〜を遅らせる
私は気づかなかった	193 (形) **気づいた** (of) awareness (名) 意識 194 (動) **〜に近づく** (名) 接近、方法
彼が背後から私に近づいてきた。	195 (副) **後ろに** (前) 〜の背後に

STAGE 1

Unit 14

066	Ethics vary among individuals.	196 **ethics** [éθiks] 197 **vary** [véəri] 198 **individual** [ìndəvídʒuəl]
067	People believe she is innocent, not guilty.	199 **believe** [bilí:v] 200 **innocent** [ínəsnt] 201 **guilty** [gílti]
068	The theory in question is so puzzling that even he was confused.	202 **in question** 203 **puzzle** [pʌ́zl] 204 **confuse** [kənfjú:z]
069	If they threaten to attack us, we'll surrender.	205 **threaten** [θrétn] 206 **attack** [ətǽk] 207 **surrender** [səréndər]
070	Water consists of hydrogen and oxygen.	208 **consist** [kənsíst] 209 **hydrogen** [háidrədʒən] 210 **oxygen** [ɑ́ksidʒən]

倫理観は変わる	196 (名) **倫理** ethical (形) 倫理的な
	197 (動) **変わる** variation (名) 変化
個人の間で。	198 (名) **個人** (形) 個々の
人々は信じている	199 (動) **〜を信じる** belief (名) 信念
	200 (形) **無罪の**、無邪気な innocence (名) 無実、無邪気
彼女は無罪であり、有罪ではない。	201 (形) **有罪の** guilt (名) 罪
問題のその理論はとても紛らわしく	202 (熟) **問題の**
	203 (動) **〜を惑わせる** (名) パズル
彼さえも混乱していた。	204 (動) **〜を混乱させる** confusion (名) 混乱
彼らが私たちを攻撃すると脅せば、	205 (動) **〜を脅す** threat (名) 脅威
	206 (動) **〜を攻撃する** (名) 攻撃
私たちは降伏するつもりだ。	207 (動) **降伏する**
水は成り立っている	208 (動) **成り立つ** (of)
	209 (名) **水素**
水素と酸素で。	210 (名) **酸素**

Unit 15

071	They reply to our questions	211 **reply** [riplái] 212 **question** [kwéstʃən]
	immediately.	213 **immediately** [imí:diətli]
072	At least, they have a duty	214 **at least** 215 **duty** [d(j)ú:ti]
	to disclose the data.	216 **disclose** [disklóuz]
073	She desires an urban life	217 **desire** [dizáiər] 218 **urban** [ə́:rbn]
	after she graduates.	219 **graduate** [grǽdʒuèit]
074	We rely on support	220 **rely** [rilái] 221 **local** [lóukəl]
	from the local government.	222 **government** [gʌ́vərnmənt]
075	Complex factors	223 **complex** [kəmpléks] 224 **deeply** [dí:pli]
	are often deeply related.	225 **relate** [riléit]

彼らは私たちの質問に答える	211 (動) **答える** (名) 答え
	212 (名) **質問** (動) ～に疑問を抱く
即座に。	213 (副) **即座に** immediate (形) 即座の
少なくとも、彼らには義務がある	214 (熟) **少なくとも** at most 多くとも
	215 (名) **義務**
そのデータを開示すべき。	216 (動) **～を開示する** disclosure (名) 開示
彼女は都会の生活を望む	217 (動) **～を求める** (名) 欲求 desirable (形) 好ましい
	218 (形) **都会の**
卒業後に。	219 (動) **卒業する** [-ət] (名) 卒業生 graduation (名) 卒業
私たちは支援に頼る	220 (動) **頼る** (on) reliance (名) 依存
	221 (形) **地方の** locate (動) ～を位置づける
地方自治体からの。	222 (名) **政府**、政治
複雑な要因が	223 (形) **複雑な** complexity (名) 複雑さ
	224 (副) **深く** deep (形) 深い depth (名) 深さ
しばしば深く関わっている。	225 (動) **～を関係づける** relation (名) 関係

Unit 16

076	They keep on arguing	226	**keep on**
		227	**argue** [á:rgju:]
	about how to bring up their son.	228	**bring up**
077	I didn't notice	229	**notice** [nóutis]
		230	**suffer** [sʌ́fər]
	he suffered from depression.	231	**depression** [dipréʃən]
078	We expect her	232	**expect** [ikspékt]
		233	**succeed** [səksí:d]
	to succeed in the future.	234	**future** [fjú:tʃər]
079	I further improved	235	**further** [fə́:rðər]
		236	**improve** [imprú:v]
	my grades in school	237	**grade** [gréid]
080	After hardships,	238	**hardship** [há:rdʃip]
		239	**eventually** [ivéntʃuəli]
	they eventually gave up.	240	**give up**

彼らは議論し続ける	226	(熟) **〜し続ける**
	227	(動) **議論する** argument (名) 議論
彼らの息子の育て方について。	228	(熟) **〜を育てる** (≒ raise)
私は気づかなかった	229	(動) **〜に気づく** (名) 知らせ
	230	(動) **苦しむ** (from)、〜をこうむる
彼はうつに苦しんでいた。	231	(名) **うつ**、不況 depress (動) 押し下げる
私たちは彼女に期待している	232	(動) **〜を期待する** expectation (名) 期待
	233	(動) **成功する**、〜を継ぐ success (名) 成功 succession (名) 継続
将来成功することを。	234	(名) **未来**
私はさらに向上させた	235	(副) **さらに** far (形) 遠い
	236	(動) **〜を改善する** improvement (名) 改善
私の学校の成績を。	237	(名) **成績**、段階 gradual (形) 段階的な
苦難の後、	238	(名) **苦難** hard (形) 厳しい、固い
	239	(副) **結局**
彼らは結局あきらめた。	240	(熟) **あきらめる**

STAGE 1

Unit 17

081	Exercise helps / to maintain health.	241 **exercise** [éksərsàiz] 242 **maintain** [meintéin] 243 **health** [hélθ]
082	Let's reduce our impact / on the environment.	244 **reduce** [rid(j)ú:s] 245 **impact** [ímpækt] 246 **environment** [inváiərə(n)mənt]
083	I'm pondering / about how to escape from poverty.	247 **ponder** [pándər] 248 **escape** [iskéip] 249 **poverty** [pávərti]
084	He is used to dealing / with such a person.	250 **be used to** 251 **deal** [dí:l] 252 **person** [pə́:rsn]
085	People were killed and injured / in the collision.	253 **kill** [kíl] 254 **injure** [índʒər] 255 **collision** [kəlíʒən]

運動は手助けになる

241
(名) **運動**　(動) ～を運動させる

242
(動) **～を維持する**
maintenance (名) 維持

健康を維持するための。

243
(名) **健康**
healthy　(形) 健康的な

私たちの衝撃を減らそう

244
(動) **～を減らす**
reduction (名) 減少

245
(名) **衝撃**

環境への。

246
(名) **環境**
environmental (形) 環境の

私は考えている

247
(動) **～を熟考する**

248
(動) **逃げる**　(名) 逃亡

貧困からの逃れ方について。

249
(名) **貧困**
poor (形) 貧しい

彼は扱うことに慣れている

250
(熟) **～に慣れている**
(≒ be accustomed to)

251
(動) **扱う** (with)　(名) 取引、分配

そんな人を。

252
(名) **人**
personal (形) 個人的な

人々が殺されたり傷つけられたりした

253
(動) **～を殺す**

254
(動) **～を傷つける**
injury (名) けが

その衝突において。

255
(名) **衝突**
collide (動) 衝突する

STAGE 1

Unit 18

086	I promise	256 **promise** [prámis] 257 **mention** [ménʃən]
	I won't mention the issue.	258 **issue** [íʃu:]
087	Carbon dioxide causes	259 **carbon** [kárbən] 260 **cause** [kɔ́:z]
	global warming.	261 **global** [glóubəl]
088	Please remind me to contact him	262 **remind** [rimáind] 263 **contact** [kántækt]
	in case I forget.	264 **in case**
089	It often happens	265 **happen** [hǽpən] 266 **treat** [trí:t]
	that people treat animals brutally.	267 **brutally** [brú:tli]
090	I propose	268 **propose** [prəpóuz] 269 **modify** [mádəfài]
	to modify the operation.	270 **operation** [àpəréiʃən]

私は約束する	256 (動) **約束する** (名) 約束
	257 (動) **〜に言及する**
私はその問題に言及しない。	258 (名) **問題** (動) 〜を発行する
二酸化炭素が引き起こしている	259 (名) **炭素**
	260 (動) **〜を引き起こす** (名) 原因
地球温暖化を。	261 (形) **地球の** globe (名) 地球
彼への連絡を私に思い出させてください	262 (動) **〜に思い出させる** (〜 of)
	263 (動) **〜に連絡する**、〜に接触する (名) 連絡、接触
私が忘れた場合。	264 (熟) **〜の場合**
それはしばしば起こる	265 (動) **起こる**
	266 (動) **〜を扱う**、〜を治療する treatment (名) 扱い、治療
人々が動物を残酷に扱うこと。	267 (副) **残酷に** brute (形) 残酷な
私は提案する	268 (動) **〜を提案する** proposal (名) 提案
	269 (動) **〜を改める** modification (名) 修正
その作業を改めることを。	270 (名) **作業**、操作、手術 operate (動) 〜を操作する

Unit 19

091	We will soon deplete	271	**deplete** [diplí:t]
		272	**fossil** [fásll]
	fossil fuel.	273	**fuel** [fjú:əl]
092	The atmosphere was awkward,	274	**atmosphere** [ǽtməsfiər]
		275	**awkward** [ɔ́:kwərd]
	but he broke the ice.	276	**break the ice**
093	She swiftly hides	277	**swiftly** [swiftli]
		278	**hide** [háid]
	any defects.	279	**defect** [dí:fekt]
094	They invaded the country,	280	**invade** [invéid]
		281	**expand** [ikspǽnd]
	and expanded their territory.	282	**territory** [térətɔ̀:ri]
095	He described a complicated problem	283	**describe** [diskráib]
		284	**complicate** [kámplikət]
	in plain words.	285	**plain** [pléin]

私たちはまもなく使い尽くすだろう	271 (動) **〜を使い尽くす** depletion (名) 枯渇
	272 (名) **化石**
化石燃料を。	273 (名) **燃料**
その雰囲気はぎこちなかった、	274 (名) **雰囲気**、大気 atmospheric (形) 大気の
	275 (形) **ぎこちない**
しかし彼が場をなごませた。	276 (熟) **場をなごませる**
彼女は素早く隠す	277 (副) **素早く** swift (形) 素早い
	278 (動) **〜を隠す** (過 hid 過分 hidden)
どんな欠陥も。	279 (名) **欠陥**
彼らはその国を侵略した、	280 (動) **〜を侵略する** invasion (名) 侵略
	281 (動) **〜を拡大する** expansion (名) 拡大
そして彼らの領土を拡大した。	282 (名) **領土**
彼は複雑な問題を描写した	283 (動) **〜を描写する** description (名) 描写
	284 (形) **複雑な** [-keit] (動) 〜を複雑にする
平易な言葉で。	285 (形) **平易な**　(名) 平原

STAGE 1

Unit 20

096	Keep away from here!	286	**keep away from**
		287	**criminal** [krímənl]
	The criminal is still at large.	288	**at large**
097	You have to pay extra	289	**pay** [péi]
		290	**extra** [ékstrə]
	for the beverage.	291	**beverage** [bévəridʒ]
098	She insists	292	**insist** [insíst]
		293	**undermine** [ʌ̀ndərmáin]
	it undermines her reputation.	294	**reputation** [rèpjutéiʃən]
099	The court reviewed	295	**court** [kɔ́:rt]
		296	**murder** [mə́:rdər]
	the murder case.	297	**case** [kéis]
100	He is arrogant, self-centered,	298	**arrogant** [ærəgənt]
		299	**self-centered** [sélf-séntərd]
	and always has his own way.	300	**have one's own way**

ここに近づかないで。	286 (熟) **〜に近づかない** (≒ stay away from)
	287 (名) **犯人**　(形) 犯罪の crime (名) 犯罪
犯人はまだ逃げている。	288 (熟) **逃走中**、全体の
君は余分に払わなければらない	289 (動) **〜を払う** payment (名) 支払い
	290 (名) **余分**　(形) 余分の
その飲み物に対して。	291 (名) **飲み物**
彼女は主張している	292 (動) **〜を主張する** (on) insistence (名) 主張
	293 (動) **〜をひそかに傷つける** mine (名) 鉱山
それは彼女の評判を傷つけている。	294 (名) **評判**
裁判所は見直した	295 (名) **裁判所**、宮廷
	296 (名) **殺人**　(動) 〜を殺す
その殺人事件を。	297 (名) **事件**、場合
彼は横柄で、自己中心的で、	298 (形) **横柄な** arrogance (名) 横柄
	299 (形) **自己中心的な**
そして常に思い通りにする。	300 (熟) **思い通りにする**

STAGE 1

Unit 21

101	We examined the data	301 examine	[igzǽmin]
	and estimated the margin of error.	302 estimate	[éstəmèit]
		303 margin	[máːrdʒin]
102	I'll submit my application	304 submit	[səbmít]
	for the position.	305 application	[æ̀pləkéiʃən]
		306 position	[pəzíʃən]
103	He persuaded his customers	307 persuade	[pərswéid]
	to buy the stock.	308 customer	[kʌ́stəmər]
		309 stock	[stάk]
104	They set up a device	310 set up	
	for the display.	311 device	[diváis]
		312 display	[displéi]
105	I'm a coward.	313 coward	[káuərd]
	I wish I had more courage.	314 wish	[wíʃ]
		315 courage	[kə́ːridʒ]

私たちはそのデータを調べた	301	(動) **〜を調べる** examination (名) 調査、試験
	302	(動) **〜を見積もる** [éstəmət] (名) 見積り
そして誤差を見積もった。	303	(名) **余地**、余白
私は応募書類を提出するつもりだ	304	(動) **〜を提出する**、〜を服従させる submission (名) 提出、服従
	305	(名) **申請**、適用 apply (動) 申請する、適用する
その役職に対して。	306	(名) **役職**、位置
彼は顧客達を説得した	307	(動) **〜を説得する** persuasion (名) 説得
	308	(名) **顧客**
その株を買うように。	309	(名) **株**、在庫品 (動) 〜を蓄える
彼らは装置を設置した	310	(熟) **〜を設置する**、〜を設立する (≒ establish)
	311	(名) **装置** devise (動) 〜を工夫する
その展示のために。	312	(名) **展示** (動) 〜を展示する
私は臆病者だ。	313	(名) **臆病者**
	314	(動) **〜を願う** (名) 願い
私にもっと勇気があればいいのだが。	315	(名) **勇気** courageous (形) 勇気のある

STAGE 1

Unit 22

106	We are attracted	316 **attract** [ətrǽkt]
		317 **magnificent** [mægnífəsnt]
	by the magnificent scenery.	318 **scenery** [sí:nəri]
107	Aim high. Otherwise,	319 **aim** [éim]
		320 **otherwise** [ʌ́ðərwàiz]
	you can't enhance your skills.	321 **enhance** [inhǽns]
108	Our fate was at the mercy	322 **fate** [féit]
		323 **at the mercy of**
	of the storm.	324 **storm** [stɔ́rm]
109	My stress and fatigue	325 **stress** [strés]
		326 **fatigue** [fətí:g]
	derive from my job.	327 **derive** [diráiv]
110	It requires	328 **require** [rikwáiər]
		329 **communication** [kəmjù:nəkéiʃən]
	communication and cooperation.	330 **cooperation** [kouɑ̀pəréiʃən]

私たちは引きつけられる

その雄大な風景によって。

316 (動) **〜を引きつける**
attraction (名) 魅力

317 (形) **雄大な**

318 (名) **風景**

高みをねらえ。さもなければ、

君は能力を高めることができない。

319 (動) **ねらう** (at)

320 (副) **さもなければ**

321 (動) **〜を高める**

私たちの運命はなすがままだった

その嵐の。

322 (名) **運命**
fatal (形) 死に至る

323 (熟) **〜のなすがまま**
mercy (名) 情け

324 (名) **嵐**

私のストレスと疲労感は

私の仕事から生じている。

325 (名) **ストレス**、強制

326 (名) **疲労感**

327 (動) **生じる** (from)
derivation (名) 派生

それは求めている

意思の疎通と協力を。

328 (動) **〜を求める**
requirement (名) 要求

329 (名) **意思の疎通**
communicate (動) 〜を伝える

330 (名) **協力**
cooperate (動) 協力する

Unit 23

No.	Sentence	No.	Word	Pronunciation
111	Replace the part,	331	**replace**	[ripléis]
	unless you can repair it.	332	**unless**	[ənlés]
		333	**repair**	[ripéər]
112	The equipment	334	**equipment**	[ikwípmənt]
	is liable to break down.	335	**be liable to (do)**	
		336	**break down**	
113	Place the food in the container,	337	**place**	[pléis]
	and freeze it.	338	**container**	[kəntéinər]
		339	**freeze**	[frí:z]
114	She is modest	340	**modest**	[mɑ́dist]
	and never boasts of her belongings.	341	**boast**	[bóust]
		342	**belonging**	[bilɔ́ŋiŋ]
115	I struggled to adapt myself	343	**struggle**	[strʌ́gl]
	to new circumstances.	344	**adapt**	[ədǽpt]
		345	**circumstance**	[sə́:rkəmstæ̀ns]

その部品を交換しなさい、	331 (動) **～を置き換える** 332 (接) **～でない限り**
君がそれを修理できない限り。	333 (動) **～を修理する** (名) 修理
その設備は	334 (名) **設備** equip (動) ～に備え付ける 335 (熟) **～しがちだ**
故障しがちだ。	336 (熟) **故障する**
その食べ物をその容器に入れて、	337 (動) **～を置く** (名) 場所 338 (名) **容器** contain (動) ～を含む
そしてそれを凍らせなさい。	339 (動) **～を凍らせる**
彼女は控えめだ	340 (形) **控えめな** modesty (名) 控えめ 341 (動) **自慢する** (of) boastful (形) 自慢好きな
そして決して所有物を自慢しない。	342 (名) **所有物** belong (動) 所属する (to)
私は適応するのに苦闘した	343 (動) **苦闘する** (名) 苦闘 344 (動) **～を適応させる** (～ to) adaptation (名) 適応
新たな境遇に。	345 (名) **境遇**

STAGE 1

Unit 24

No.	Sentence	No.	Word
116	I received	346	**receive** [risí:v]
	a number of anonymous calls.	247	**a number of**
		248	**anonymous** [ənɑ́nəməs]
117	I lead a rural life.	249	**lead** [lí:d]
	Nothing disturbs me.	350	**rural** [rúərəl]
		351	**disturb** [distə́:rb]
118	Do you agree or disagree	352	**agree** [əgrí:]
	with her opinion?	353	**disagree** [dìsəgrí:]
		354	**opinion** [əpínjən]
119	For the most part,	355	**for the most part**
	I'm responsible for the result.	356	**responsible** [rispɑ́nsəbl]
		357	**result** [rizʌ́lt]
120	Whatever happens,	358	**whatever** [(h)wʌtévər]
	I will stand by you for sure.	359	**stand by**
		360	**for sure**

私は受けた	346 (動) **〜を受ける** reception (名) 受け取り
	247 (熟) **多くの** the number of　〜の数
多くの匿名の電話を。	248 (形) **匿名の**
私は田舎の生活を送っている。	249 (動) **〜を導く** (過・過分 led)
	350 (形) **田舎の**
何も私を邪魔しない。	351 (動) **〜の邪魔をする** disturbance (名) 騒動
君は賛成あるいは反対ですか	352 (動) **賛成する** (with) agreement (名) 一致
	353 (動) **反対する** (with) disagreement (名) 不一致
彼女の意見に。	354 (名) **意見**
大部分、	355 (熟) **大部分** (≒ mostly)
	356 (形) **責任のある** (for) responsibility (名) 責任
私がその結果に対して責任がある。	357 (名) **結果**　(動) 生じる
何が起こっても、	358 (代) **何でも** (≒ no matter what)
	359 (熟) **〜を支える**、〜のそばにいる
私は確実に君を支えるつもりだ。	360 (熟) **確実に**

STAGE 1

Unit 25

No.	Sentence	No.	Word	Pronunciation
121	I warn you.	361	**warn**	[wɔ́:rn]
	He is selfish and greedy.	362	**selfish**	[sélfiʃ]
		363	**greedy**	[grí:di]
122	Don't be negative.	364	**negative**	[négətiv]
	Focus on the positive side.	365	**focus**	[fóukəs]
		366	**positive**	[pázətiv]
123	I'm utterly	367	**utterly**	[ʌ́tərli]
	hopeless and desperate.	368	**hopeless**	[hóupləs]
		369	**desperate**	[déspərət]
124	Let go of my hand. It hurts.	370	**let go of**	
	Leave me alone.	371	**hurt**	[hə́:rt]
		372	**leave ~ alone**	
125	She gave another excuse.	373	**another**	[ənʌ́ðər]
	Nobody was convinced.	374	**excuse**	[ikskjú:s]
		375	**convince**	[kənvíns]

私は君に警告する。	361 (動) **警告する**
	362 (形) **利己的な**
彼は利己的で貪欲だ。	363 (形) **貪欲な** greed (名) 貪欲
否定的にならないで。	364 (形) **否定的な**
	365 (動) **焦点を当てる** (on) (名) 焦点
肯定的な面に焦点を当てて。	366 (形) **肯定的な**、明確な
私は全く	367 (副) **全く** utter (形) 全くの (動) ～を言う
	368 (形) **望みのない** hope (名) 望み (動) ～を望む
望みがなく絶望的だ。	369 (形) **絶望的な**、必死の despair (名) 絶望
私の手を放して。それは痛い。	370 (熟) **～を放す**
	371 (動) **痛む**、～を傷つける
私を放っておいて。	372 (熟) **放っておく**
彼女はまた言いわけを言った。	373 (形) **他の**
	374 (名) **言いわけ** [– z] (動) ～を許す
誰も納得しなかった。	375 (動) **～を納得させる** (～ of)

STAGE 1

Unit 26

126	Tradition is compatible / with modernity.	376 **tradition** [trədíʃən] 377 **compatible** [kəmpǽtəbl] 378 **modernity** [madə́:rnəti]
127	He devotes himself / to creating new medicines.	379 **devote** [divóut] 380 **create** [kriéit] 381 **medicine** [médəsn]
128	She threw away the garbage / casually.	382 **throw away** 383 **garbage** [gɑ́rbidʒ] 384 **casually** [kǽʒuəli]
129	They cultivate the land / for agriculture.	385 **cultivate** [kʌ́ltəvèit] 386 **land** [lǽnd] 387 **agriculture** [ǽgrikʌ̀ltʃər]
130	Viruses are detected / automatically.	388 **virus** [váiərəs] 389 **detect** [ditékt] 390 **automatically** [ɔ̀:təmǽtikəli]

伝統は両立できる	376 (名) **伝統** traditional (形) 伝統的な
	377 (形) **両立した** (with)
現代性と。	378 (名) **現代性** modern (形) 現代の
彼は自らを捧げる	379 (動) **〜を捧げる** (〜 to) devotion (名) 献身
	380 (動) **〜を創る** creation (名) 創造
新たな薬を創ることに。	381 (名) **薬**、医学 medical (形) 医学の
彼女はその生ごみを捨てた	382 (熟) **〜を捨てる**
	383 (名) **生ごみ**
何気なく。	384 (副) **何気なく** casual (形) 何気ない
彼らはその土地を耕す	385 (動) **〜を耕す** cultivation (名) 耕作
	386 (名) **土地**　(動) 着陸する
農業のために。	387 (名) **農業** agricultural　(形) 農業の
ウイルスが検出される	388 (名) **ウイルス**
	389 (動) **〜を検出する** detection (名) 検出
自動的に。	390 (副) **自動的に**

STAGE 1

Unit 27

	Sentence	Vocabulary
131	Don't bother to respond	391 **bother to (do)**
		392 **respond** [rispάnd]
	to such negative reviews.	393 **review** [rivjú:]
132	To do him justice,	394 **do justice**
		395 **multiply** [mʌ́ltəplài]
	he multiplied sales as an executive.	396 **executive** [igzékjutiv]
133	We import oil	397 **import** [impɔ́:rt]
		398 **export** [ikspɔ́:rt]
	and export manufactured goods.	399 **goods** [gúdz]
134	Her endeavor is amazing.	400 **endeavor** [indévər]
		401 **amaze** [əméiz]
	We admire her.	402 **admire** [ədmáiər]
135	They abandoned me.	403 **abandon** [əbǽndən]
		404 **hence** [héns]
	Hence, I've been isolated.	405 **isolate** [áisəlèit]

わざわざ反応しないで

そんな否定的な批評に。

彼を公平に判断すると、

彼は役員として売り上げを増大させた。

私たちは石油を輸入する

そして製造品を輸出する。

彼女の努力は驚異的だ。

私たちは彼女を賞賛する。

彼らは私を見捨てた。

それで、私はずっと孤立している。

391 (熟) **わざわざ〜する**
bother (動) 〜を悩ます

392 (動) **応える** (to)
response (名) 返答

393 (名) **批評**　(動) 〜を見直す

394 (熟) **公平に判断する**

395 (動) **〜を増やす**

396 (名) **執行役員**

397 (動) **〜を輸入する**
[ˊ –] (名) 輸入

398 (動) **〜を輸出する**
[ˊ –] (名) 輸出

399 (名) **商品**
(≒ commodity)

400 (名) **努力**　(動) 努力する

401 (動) **〜を驚かす**

402 (動) **〜を賞賛する**
admiration (名) 賞賛

403 (動) **〜を捨てる**

404 (副) **それで**

405 (動) **〜を孤立させる**
isolation (名) 孤立

STAGE 1

Unit 28

136	I'm looking forward to / seeing my relatives in my hometown.	406 **look forward to** 407 **relative** [rélətiv] 408 **hometown** [hóumtáun]
137	Bubbles appear / and disappear.	409 **bubble** [bʌ́bl] 410 **appear** [əpíər] 411 **disappear** [dìsəpíər]
138	While studying abroad, / I was exposed to other cultures.	412 **abroad** [əbrɔ́:d] 413 **expose** [ikspóuz] 414 **culture** [kʌ́ltʃər]
139	During meditation, / I experienced a strange feeling.	415 **meditation** [mèd̬ətéiʃən] 416 **experience** [ikspíəriəns] 417 **strange** [stréindʒ]
140	For the time being, I will get by / solely on my salary	418 **for the time being** 419 **get by** 420 **solely** [sóulli]

私は楽しみにしている

故郷で親戚に会うことを。

406 （熟）**〜を楽しみにする**

407 （名）**親戚**　（形）相対的な

408 （名）**故郷**

泡が現れ

そして消えていく。

409 （名）**泡**

410 （動）**現れる**
appearance（名）出現、外見

411 （動）**消える**
disappearance（名）消滅

留学中、

私は他の文化にさらされた。

412 （副）**海外で**

413 （動）**〜をさらす**
exposure（名）露出

414 （名）**文化**
cultural（形）文化の

瞑想中に、

私は奇妙な感覚を経験した。

415 （名）**瞑想**（めいそう）
meditate（動）瞑想する

416 （動）**〜を経験する**　（名）経験

417 （形）**奇妙な**

当分の間、私はやっていこう

自分の給料だけで。

418 （熟）**当分の間**

419 （熟）**やっていく**

420 （副）**単独で**

STAGE 1

Unit 29

141	We were exhausted	421	**exhaust**	[igzɔ́:st]
		422	**climb**	[kláim]
	after climbing up the hill.	423	**hill**	[híl]
142	I'm sure	424	**sure**	[ʃúər]
		425	**bright**	[bráit]
	a bright future awaits you.	426	**await**	[əwéit]
143	Slaves worked	427	**slave**	[sléiv]
		428	**dawn**	[dɔ́:n]
	from dawn till dusk.	429	**dusk**	[dʌ́sk]
144	Let me see.	430	**let me see**	
		431	**at a loss**	
	I'm at a loss for direction.	432	**direction**	[dirékʃən / dai-]
145	It is restricted to authorized people.	433	**restrict**	[ristríkt]
		434	**authorize**	[ɔ́:θəràiz]
	We can't be flexible.	435	**flexible**	[fléksəbl]

私たちは疲れきっていた	421 (動) **〜を使い尽くす**
	422 (動) **登る**
その丘を登った後。	423 (名) **丘**
私は確信している	424 (形) **確信した**
	425 (形) **明るい**、聡明な brightness (名) 明るさ
明るい未来が君を待っている。	426 (動) **〜を待つ**
奴隷たちは働いた	427 (名) **奴隷** slavery (名) 奴隷制
	428 (名) **夜明け**
夜明けから夕暮れまで。	429 (名) **夕暮れ**
ええと。	430 (熟) **ええと** (≒ well)
	431 (熟) **迷って**
私は方向を見失っている。	432 (名) **方向**、指示 direct (動) 〜を導く (形) 直接の
それは権限のある人たちに限られている。	433 (動) **〜を制限する** restriction (名) 制限
	434 (動) **〜に権限を与える** authority (名) 権限、権威
私たちは融通をきかせられない。	435 (形) **融通のきく**、柔軟な flexibility (名) 柔軟さ

STAGE 1

Unit 30

146	The incident was so frightening	436	**incident**	[ínsədənt]
		437	**frighten**	[fráitn]
	that nobody dared to move.	438	**dare**	[déər]
147	I can hardly resist	439	**hardly**	[hɑ́:rdli]
		440	**resist**	[rizíst]
	tasty food.	441	**tasty**	[téisti]
148	I have a contempt	442	**contempt**	[kəntémpt]
		443	**those who**	
	for those who torment others.	444	**torment**	[tɔ:rmént]
149	The concert was successful.	445	**successful**	[səksésfəl]
		446	**performance**	[pərfɔ́:rməns]
	Their performance was perfect.	447	**perfect**	[pə́:rfikt]
150	I vaguely recalled	448	**vaguely**	[véigli]
		449	**recall**	[rikɔ́:l]
	my kindergarten teacher.	450	**kindergarten**	[kíndərgɑ̀:rtn]

その出来事はとても怖かったので
誰もあえて動こうとしなかった。

436 (名) **出来事**

437 (動) **〜を怖がらす**
fright (名) 恐怖

438 (動 / 助) **あえて〜する**

私はほとんど抵抗できない
おいしい食べ物に。

439 (副) **ほとんど〜ない**

440 (動) **〜に抵抗する**
resistance (名) 抵抗

441 (形) **おいしい**
taste (名) 味 (動) 味がする

私は軽蔑心を持つ
他人を苦しめる人々に対して。

442 (名) **軽蔑**

443 (熟) **〜する人々**

444 (動) **〜を苦しめる** [ˊ –] (名) 苦痛

そのコンサートは成功した。
彼らの演技は完璧だった。

445 (形) **成功した**
successive (形) 継続的な

446 (名) **演技**、遂行
perform (動) 演じる

447 (形) **完璧な**
perfection (名) 完璧

私はぼんやりと思い出した
私の幼稚園の先生を。

448 (副) **ぼんやりと**
vague (形) あいまいな

449 (動) **〜を思い出す**

450 (名) **幼稚園**

STAGE 1

Unit 31

	Sentence	Vocabulary
151	We attended the funeral	451 **attend** [ətέnd]
		452 **funeral** [fjúːnərəl]
	and mourned his death.	453 **mourn** [mɔ́ːrn]
152	I have a fever and a headache.	454 **fever** [fíːvər]
		455 **headache** [hédeik]
	I've caught a cold.	456 **catch a cold**
153	She is tough	457 **tough** [tʌ́f]
		458 **mentally** [méntəli]
	mentally and physically.	459 **physically** [fízikəli]
154	We skip	460 **skip** [skíp]
		461 **trivial** [tríviəl]
	trivial matters.	462 **matter** [mǽtər]
155	I witnessed	463 **witness** [wítnis]
		464 **traffic** [trǽfik]
	a traffic accident.	465 **accident** [ǽksədnt]

私たちはその葬儀に参列した	451 (動) **〜に出席する**、注意する attendance (名) 出席
	452 (名) **葬儀**
そして彼の死を弔った。	453 (動) **〜を弔う**
私は熱があり頭痛がする。	454 (名) **熱**
	455 (名) **頭痛** ache (名) 痛み
私は風邪をひいてしまった。	456 (熟) **風邪をひく**
彼女は頑強だ	457 (形) **頑強な**、難しい toughness (名) 頑強
	458 (副) **精神的に** mental (形) 精神的
精神的かつ肉体的に。	459 (副) **肉体的に**、物理的に physical (形) 肉体的、物理的
私たちはとばす	460 (動) **〜をとばす**
	461 (形) **ささいな**
ささいな問題を。	462 (名) **問題** (動) 問題になる
私は目撃した	463 (動) **〜を目撃する** (名) 目撃者
	464 (名) **交通**
交通事故を。	465 (名) **事故**、偶然

STAGE 1

Unit 32

156	Meanwhile, the girl next to me	466	**meanwhile** [mí:n(h)wàil]
		467	**next to**
	was texting during class.	468	**text** [tékst]
157	She was appointed	469	**appoint** [əpɔ́int]
		470	**professor** [prəfésər]
	as a professor of anthropology.	471	**anthropology** [æ̀nθrəpáləd͡ʒi]
158	I doubt	472	**doubt** [dáut]
		473	**refund** [rifʌ́nd]
	if they will refund my tuition.	474	**tuition** [t(j)uíʃən]
159	He is a sincere and imaginative writer.	475	**sincere** [sinsíər]
		476	**imaginative** [imǽd͡ʒənətiv]
	So I respect him.	477	**respect** [rispékt]
160	I'm reluctant to do	478	**be reluctant to (do)**
		479	**household** [háushòuld]
	household chores.	480	**chore** [tʃɔ́:r]

Track No,

一方で、私の隣のその少女は	466 (副) **一方で**、その間に
	467 (熟) **～の隣**
授業中メールを打っていた。	468 (動) **(携帯電話で) メールを打つ** (名) 本文
彼女は任命された	469 (動) **～を任命する** appointment (名) 任命、約束
	470 (名) **教授**
人類学の教授として。	471 (名) **人類学**
私は疑っている	472 (動) **～を疑う** (名) 疑い doubtful (形) 疑わしい
	473 (動) **～を払い戻す**
彼らが私の授業料を返金するか。	474 (名) **授業料**
彼は誠実で想像力豊かな作家だ。	475 (形) **誠実な** sincerity (名) 誠実さ
	476 (形) **想像力豊かな** imaginary (形) 想像上の
だから私は彼を尊敬する。	477 (動) **～を尊敬する** (名) 尊敬、点 respectful (形) 敬った
私はしようと思わない	478 (形) **～しようと思わない**
	479 (形) **家の**
家の雑用を。	480 (名) **雑用**

STAGE 1

Unit 33

161	Wind can generate electricity.	481	**generate** [dʒénərèɪt]
		482	**electricity** [ilektrísəti]
	It's renewable energy.	483	**renewable** [rin(j)ú:əbl]
162	I'm conscious	484	**conscious** [kánʃəs]
		485	**strength** [stréŋ(k)θ]
	of my strengths and weaknesses.	486	**weakness** [wí:knəs]
163	I looked for my wallet	487	**look for**
		488	**wallet** [wálit]
	all around the house.	489	**all around**
164	Namely,	490	**namely** [néimli]
		491	**grace** [gréis]
	grace counts for much.	492	**count for much**
165	This is an ordinary	493	**ordinary** [ɔ́:rdənèri]
		494	**commercial** [kəmə́:rʃəl]
	commercial transaction.	495	**transaction** [trænsǽkʃən]

風は電気を生み出せる。	481	(動) **〜を生み出す**
	482	(名) **電気** electric (形) 電気の
それは再生可能エネルギーだ。	483	(形) **再生可能な**
私は意識している	484	(形) **意識した** consciousness (名) 意識
	485	(名) **強さ** strong (形) 強い
私の強さと弱さについて。	486	(名) **弱さ** weak (形) 弱い
私は自分の財布を探した	487	(熟) **〜を探す** feel for　〜を手探りで探す
	488	(名) **財布**
家中。	489	(熟) **〜中で**
すなわち、	490	(副) **すなわち**
	491	(名) **上品さ** graceful (形) 上品な
上品さが重要だ。	492	(熟) **重要だ** count for nothing 無駄だ
これは普通の	493	(形) **普通の**
	494	(形) **商業の** commerce (名) 商業
商業取引だ。	495	(名) **取引**、処理 transact (動) 〜の取り引きを行う

STAGE 1

Unit 34

No.	Sentence	No.	Word	Pronunciation
166	A substitute is not permitted	496	**substitute**	[sʌ́bstət(j)ù:t]
	to handle this.	497	**permit**	[pərmít]
		498	**handle**	[hǽndl]
167	I feel sick.	499	**sick**	[sík]
	I'll take a rest for a while.	500	**take a rest**	
		501	**for a while**	
168	I intend to sue	502	**intend**	[inténd]
	the enterprise.	503	**sue**	[sú:]
		504	**enterprise**	[éntərpràiz]
169	I'll ensure I won't let you down.	505	**ensure**	[inʃúər]
	You can fall back on me.	506	**let ~ down**	
		507	**fall back on**	
170	I contribute to the community	508	**contribute**	[kəntríbju:t]
	as a citizen.	509	**community**	[kəmjú:nəti]
		510	**citizen**	[sítəzn]

代わりの人は許されない	496 (名) **代員** (動) ～を代用する
	497 (動) **～を許す** permission (名) 許可
これを扱うことを。	498 (動) **～を扱う**
私は具合が悪い。	499 (形) **病気の** sickness (名) 病気
	500 (熟) **休みをとる** rest (名) 休み、残り
私はしばらく休みをとるつもりだ。	501 (熟) **しばらくの間**
私は訴えるつもりだ	502 (動) **～するつもりだ** intention (名) 意図
	503 (動) **～を訴える** suit (名) 訴訟 (動) ～に合う
その企業を。	504 (名) **企業**、事業
私は君を失望させないことを保証する。	505 (動) **～を保証する**
	506 (熟) **～を失望させる**
君は私に頼っていい。	507 (熟) **～に頼る**
私は地域社会に貢献する	508 (動) **貢献する** (to) contribution (名) 貢献
	509 (名) **地域社会**、共同体
一市民として。	510 (名) **市民**

STAGE 1

Unit 35

	Sentence	Vocabulary
171	Deep down, I regret my association with them.	511 **deep down** 512 **regret** [rigrét] 513 **association** [əsòusiéiʃən]
172	I read a poem in a loud voice to learn it by heart.	514 **poem** [póuəm] 515 **loud** [láud] 516 **learn ~ by heart**
173	I refuse to participate in such an event.	517 **refuse** [rifjú:z] 518 **participate** [pɑ:rtísəpèit] 519 **event** [ivént]
174	I can distinguish true things from false ones.	520 **distinguish** [distíŋgwiʃ] 521 **true** [trú:] 522 **false** [fɔ́:ls]
175	On the way, I picked them up at their respective homes.	523 **on the way** 524 **pick up** 525 **respective** [rispéktiv]

心の底では、私は後悔している	511 (熟) **心の底では**
	512 (動) **～を後悔する** (名) 後悔 regretful (形) 残念な
私の彼らとの関わりを。	513 (名) **関わり**、協会 associate (動) 付き合う
私は大きな声で詩を読む	514 (名) **詩** poetic (形) 詩的な
	515 (形) **大声の**
それを暗記するために。	516 (熟) **～を暗記する**
私は参加することを断る	517 (動) **～を断る** refusal (名) 拒否
	518 (動) **参加する** (in) participation (名) 参加
そんな催しに。	519 (名) **催し**、出来事
私は本物を区別できる	520 (動) **～を区別する** (～ from) distinction (名) 区別
	521 (形) **本当の** truth (名) 真実
偽物から。	522 (形) **偽りの**
途中、私は彼らを車に乗せた	523 (熟) **途中で** (to)
	524 (熟) **車で迎えに行く**
彼らそれぞれの家で。	525 (形) **それぞれの**

STAGE 1

Unit 36

176	To turn to them is so naive.	526	**turn to**
		527	**naive** [nɑ:í:v]
	Yet, she is inclined to.	528	**be inclined to (do)**
177	He is indifferent	529	**indifferent** [indífərənt]
		530	**prestige** [prestí:ʒ]
	to his own prestige or profit.	531	**profit** [práfit]
178	She wears proper clothing	532	**wear** [wéər]
		533	**proper** [prápər]
	for each occasion.	534	**occasion** [əkéiʒən]
179	Atoms constitute	535	**atom** [ǽtəm]
		536	**constitute** [kánstət(j)ù:t]
	molecules.	537	**molecule** [máləkjù:l]
180	I can make sense of their motive	538	**make sense of**
		539	**motive** [móutiv]
	to some extent.	540	**to some extent**

彼らに頼るのはあまりに浅はかだ。	526 (熟) **〜に頼る**、〜の方を向く
	527 (形) **浅はかな**、世間知らず
しかし、彼女はそうしたい。	528 (熟) **〜したい気がする**
彼は無関心だ	529 (形) **無関心な** (to) indifference (名) 無関心
	530 (名) **名声**
自身の名声や利益に。	531 (名) **利益** profitable (形) 利益になる
彼女はふさわしい服装をしている	532 (動) **〜を着ている**　〜を使い古す (過 wore 過分 worn)
	533 (形) **適切な**、固有の
それぞれの機会に。	534 (名) **機会**
原子が構成している	535 (名) **原子** atomic (形) 原子の
	536 (動) **〜を構成する**
分子を。	537 (名) **分子**
私は彼らの動機を理解できる	538 (熟) **〜を理解する** (≒ understand)
	539 (名) **動機** motivate　(動) 〜を動機づける
ある程度。	540 (熟) **ある程度**

STAGE 1

Unit 37

No.	Sentence	No.	Word	Pronunciation
181	He is familiar	541	**familiar**	[fəmíljər]
		542	**ancient**	[éinʃənt]
	with ancient history and myth.	543	**myth**	[míθ]
182	I tried to memorize many items	544	**memorize**	[méməràiz]
		545	**item**	[áitəm]
	in a short period of time.	546	**period**	[píəriəd]
183	We can't get to the destination	547	**get to**	
		548	**destination**	[dèstənéiʃən]
	due to the snow.	549	**due to**	
184	We'll conform to the basic plan	550	**conform**	[kənfɔ́:rm]
		551	**basic**	[béisik]
	and put it into practice.	552	**put ~ into practice**	
185	They cured	553	**cure**	[kjúər]
		554	**patient**	[péiʃənt]
	the patient of cancer.	555	**cancer**	[kǽnsər]

彼は精通している	541 (形) **精通している** (with)
	542 (形) **古代の**
古代史や神話に。	543 (名) **神話**
私は多くの項目を暗記しようとした	544 (動) **〜を暗記する** memory (名) 記憶
	545 (名) **項目**、品目
短期間に。	546 (名) **期間**、区切り periodical (形) 定期的な
私たちは目的地に到着できない	547 (熟) **〜に着く** (≒ reach)
	548 (名) **目的地**
雪のために。	549 (熟) **〜のため** (≒ because of) due (形) 払うべき
私たちはその基本案に従うつもりだ	550 (動) **従う** (to) conformity (名) 一致
	551 (形) **基本的な** basis (名) 基礎
そしてそれを実行に移す。	552 (熟) **〜を実行に移す** (≒ carry out)
彼らは治療した	553 (動) **〜を治療する**　(名) 治療
	554 (名) **患者**　(形) 忍耐強い patience (名) 忍耐
そのガン患者を	555 (名) **ガン**

STAGE 1

Unit 38

No.	Sentence	No.	Word	Pronunciation
186	I favor quality	556	**favor**	[féivər]
		557	**quality**	[kwɑ́ləti]
	over quantity.	558	**quantity**	[kwɑ́ntəti]
187	You had better not be involved	559	**had better**	
		560	**involve**	[invɑ́lv]
	in such trouble.	561	**trouble**	[trʌ́bl]
188	They located the serial killer	562	**locate**	[lóukeit]
		563	**serial**	[síəriəl]
	near the crime scene.	564	**scene**	[sí:n]
189	Except for the composition's ending,	565	**except for**	
		566	**composition**	[kɑ̀mpəzíʃən]
	it leaves nothing to be desired.	567	**leave nothing to be desired**	
190	The former is superior	568	**former**	[fɔ́:rmər]
		569	**superior**	[səpíəriər]
	to the latter.	570	**latter**	[lǽtər]

私は質を好む	556 (動) **〜を好む** (名) 好意 favorable (形) 好ましい
	557 (名) **質**
量よりも。	558 (名) **量**
君は巻き込まれない方がいい	559 (熟) **〜した方がいい**
	560 (動) **〜を巻き込む** involvement (名) 巻き込み
そんな面倒なことに。	561 (名) **面倒** (動) 〜を悩ます troublesome (形) 面倒な
彼らはその連続殺人犯を捜し出した	562 (動) **〜を捜し出す**、〜を位置づける
	563 (形) **連続の** series (名) 連続
犯行現場の近くで。	564 (名) **場**
その作文の結末を除けば、	565 (熟) **〜を除けば** except (前) 〜以外
	566 (名) **作文**、構成 compose (動) 〜を構成する
それは完璧だ。	567 (熟) **完璧である**
前者は優れている	568 (名) **前者** (形) 前の
	569 (形) **優れた** inferior (形) 劣った
後者より。	570 (名) **後者** (形) 後の

Unit 39

191	In total,	571	**in total**
		572	**exceed** [iksí:d]
	it exceeds our budget.	573	**budget** [bʌ́dʒit]
192	Now that I'm free to amuse myself,	574	**now that**
		575	**amuse** [əmjú:z]
	I'll watch TV as a pastime.	576	**pastime** [pǽstàim]
193	The advantages outweigh	577	**advantage** [ædvǽntidʒ]
		578	**outweigh** [àutwéi]
	the disadvantages.	579	**disadvantage** [dìsədvǽntidʒ]
194	I was embarrassed	580	**embarrass** [imbǽrəs]
		581	**confess** [kənfés]
	when I confessed to being jealous.	582	**jealous** [dʒéləs]
195	I hurried	583	**hurry** [hə́:ri]
		584	**so that**
	so that I wouldn't miss the train.	585	**miss** [mís]

合計すると、	571 (熟) **合計で**
	572 (動) **～を超える** excess (名) 超過
それは私たちの予算を超える。	573 (名) **予算**
今や私は自由に楽しめるので、	574 (熟) **今や～なので**
	575 (動) **～を楽しませる** amusement (名) 楽しみ
気晴らしにテレビを見よう。	576 (名) **気晴らし**
その有利な点は上回る	577 (名) **有利** advantageous (形) 有利な
	578 (動) **～を上回る** (≒ overweigh)
その不利な点を。	579 (形) **不利** disadvantageous (形) 不利な
私は恥ずかしかった	580 (動) **～を困惑させる** embarrassment (名) 困惑
	581 (動) **告白する** confession (名) 告白
私はねたんでいると告白した時。	582 (形) **ねたんで** jealousy (名) ねたみ
私は急いだ	583 (動) **急ぐ**　(名) 急ぎ
	584 (熟) **～するように**
その列車に乗り遅れないように。	585 (動) **～を逃す**、～を恋しく思う

STAGE 1

Unit 40

196	They lost no time	586	**lose no time**
	in mending their relationship.	587	**mend** [ménd]
		588	**relationship** [riléiʃənʃip]
197	Ignoring our opposition,	589	**ignore** [ignɔ́:r]
		590	**opposition** [àpəzíʃən]
	he married her.	591	**marry** [mǽri]
198	In the meantime,	592	**in the meantime**
	they'll suspend the clerical work.	593	**suspend** [səspénd]
		594	**clerical** [klérikəl]
199	The constant noise is torture.	595	**constant** [kánstənt]
		596	**torture** [tɔ́:rtʃər]
	It deprives me of sleep.	597	**deprive** [dipráiv]
200	At present, approximately	598	**at present**
		599	**approximately** [əpráksəmətli]
	thirty men are at work.	600	**at work**

彼らはすぐに行動をとった	586 (熟) **すぐに〜する**
	587 (動) **〜を修復する**
彼らの関係修復において。	588 (名) **関係** relate (動) 〜を関係づける
私たちの反対を無視して、	589 (動) **〜を無視する** ignorance (名) 無知
	590 (名) **反対** oppose (動) 〜に反対する
彼は彼女と結婚した。	591 (動) **〜と結婚する** marriage (名) 結婚
当分の間、	592 (熟) **当分の間**
	593 (動) **〜を停止する**、〜をつるす suspension (名) 停止
彼らは事務的業務を停止するつもりだ。	594 (形) **事務の** clerk (名) 事務員
その絶え間ない騒音は拷問だ。	595 (形) **絶え間ない**、一定の
	596 (名) **拷問** (ごうもん)
それは私から睡眠を奪う。	597 (動) **〜から奪う** (〜 of)
現在、およそ	598 (熟) **現在** (≒ at the moment)
	599 (副) **およそ**
30 人の男性が働いている。	600 (熟) **働いている**

STAGE 2

Unit 41

201	He is eager to gain fortune and glory.	601	**eager** [í:gər]
		602	**fortune** [fɔ́:rtʃən]
		603	**glory** [glɔ́:ri]
202	Be cautious about infectious diseases.	604	**cautious** [kɔ́:ʃəs]
		605	**infectious** [infékʃəs]
		606	**disease** [dizí:z]
203	She gave me a hand and lightened the burden.	607	**give a hand**
		608	**lighten** [láitn]
		609	**burden** [bə́:rdn]
204	A distinct bias exists.	610	**distinct** [distíŋkt]
		611	**bias** [báiəs]
		612	**exist** [igzíst]
205	They entertain people by means of marvelous skills.	613	**entertain** [èntərtéin]
		614	**by means of**
		615	**marvelous** [má:rvələs]

彼は得ることに熱心だ	601 (形) **熱心な** eagerness (名) 熱心
	602 (名) **財産**、運 fortunate (形) 幸運な
財産と栄光を。	603 (名) **栄光** glorious (形) 栄光の
用心しなさい	604 (形) **用心深い** caution (名) 用心
	605 (形) **感染性の** infect (動) ～を感染させる
感染病に関して。	606 (名) **病気**
彼女は私に手を貸した	607 (熟) **手を貸す** (≒ lend a hand)
	608 (動) **～を軽くする**、～を照らす light (形) 軽い、明るい
そしてその負担を軽くした。	609 (名) **負担**　(動) ～に負担をかける
はっきりした偏りが	610 (形) **はっきりした**、異なった distinguish (動) ～を区別する
	611 (名) **偏り**
存在する。	612 (動) **存在する** existence (名) 存在
彼らは人々を楽しませる	613 (動) **～を楽しませる** entertainment (名) 楽しみ
	614 (熟) **～の手段で**
驚異的な技能という手段で。	615 (形) **驚異的な** marvel (動) 驚く

Unit 42

206	Actually, I use the book regularly	616	**actually** [ǽktʃuəli]
		617	**regularly** [régjulərli]
	for my reference.	618	**reference** [réfərəns]
207	As soon as he came, he took a seat	619	**as soon as**
		620	**take a seat**
	and showed me the leaflet.	621	**leaflet** [lí:flit]
208	The equator divides the earth	622	**equator** [ikwéitər]
		623	**divide** [diváid]
	into two hemispheres.	624	**hemisphere** [hémisfìər]
209	The color fades by degrees,	625	**fade** [féid]
		626	**by degrees**
	then vanishes.	627	**vanish** [vǽniʃ]
210	Anyway, you can't alter	628	**anyway** [éniwèi]
		629	**alter** [ɔ́:ltər]
	your destiny.	630	**destiny** [déstəni]

実際、私はその本を定期的に使う	616	(副) **実際に** actual (形) 実際の
	617	(副) **定期的に** regular (形) 規則正しい
私の参照用に。	618	(名) **参照**、言及 refer (動) 参考にする、言及する (to)
彼は来てすぐに、腰を下ろした	619	(熟) **～するとすぐに** (≒ the moment)
	620	(熟) **腰を下ろす** (≒ have a seat)
そしてそのチラシを私に見せた。	621	(名) **チラシ**
赤道は地球を分けている	622	(名) **赤道**
	623	(動) **～を分ける** division (名) 分割
二つの半球に。	624	(名) **半球** sphere (名) 球
その色は徐々にあせていき、	625	(動) **(色が) あせる**
	626	(熟) **徐々に** (≒ gradually)
そして消える。	627	(動) **消える**
いずれにせよ、君は変えられない	628	(副) **いずれにせよ**
	629	(動) **～を変える**
君の運命を。	630	(名) **運命** destination (名) 目的地

STAGE 2

Unit 43

211	We used to be badly off,	631	**used to (do)**
		632	**badly off**
	but now we're well off.	633	**well off**
212	He whispered	634	**whisper** [(h)wíspər]
		635	**a couple of**
	a couple of vulgar words.	636	**vulgar** [vʌ́lgər]
213	They dug up	637	**dig** [díg]
		638	**bone** [bóun]
	bones of a dinosaur.	639	**dinosaur** [dáinəsɔ̀:r]
214	I major in	640	**major** [méidʒər]
		641	**contemporary** [kəntémpərèri]
	contemporary literature.	642	**literature** [lítərətʃər]
215	Physics and astronomy	643	**physics** [fíziks]
		644	**astronomy** [əstrɑ́nəmi]
	are just beyond me.	645	**beyond me**

私たちはかつて貧しかった、	631 (熟) **かつて〜だった**
	632 (熟) **貧しい**
しかし今私たちは裕福だ。	633 (熟) **裕福な**
彼はささやいた	634 (動) **ささやく** (名) ささやき
	635 (熟) **いくつかの**、2つの
いくつかの粗野な言葉を。	636 (形) **粗野な**
彼らは掘り出した	637 (動) **〜を掘る** (過・過分 dug)
	638 (名) **骨**
恐竜の骨を。	639 (名) **恐竜**
私は専攻している	640 (動) **専攻する** (in) (名) 専攻 (形) 主な
	641 (形) **現代の**、同時代の
現代文学を。	642 (名) **文学** literary (形) 文学の
物理学と天文学は	643 (名) **物理学** physical (形) 物理の
	644 (名) **天文学** astronomical (形) 天文の
まさに私の手に負えない。	645 (熟) **私の手に負えない**

STAGE 2

Unit 44

	Phrase	No.	Word
216	I'll run over it again	646	**run over**
		647	**in order to (do)**
	in order to grasp the meaning.	648	**grasp** [grǽsp]
217	She has demonstrated characteristics	649	**demonstrate** [démənstrèit]
		650	**characteristic** [kæ̀rəktərístik]
	of her ethnic group.	651	**ethnic** [éθnik]
218	The law prohibits us	652	**law** [lɔ́:]
		653	**prohibit** [prouhíbit]
	from drunk driving.	654	**drunk** [drʌ́ŋk]
219	She takes after her mother	655	**take after**
		656	**appearance** [əpíərəns]
	in appearance and personality.	657	**personality** [pə̀:rsənǽləti]
220	It goes without saying	658	**it goes without saying**
		659	**delighted** [diláitid]
	I'm delighted to encounter them.	660	**encounter** [inkáuntər]

私はそれに再び目を通そう	646 (熟) **～に目を通す**、～を車でひく
	647 (熟) **～するために**
その意味を把握するために。	648 (動) **～を把握する**
彼女は特徴を示してきた	649 (動) **～を示す** demonstration (名) 表示
	650 (名) **特徴**　(形) 特徴的な
彼女の民族グループの。	651 (形) **民族の** ethnicity (名) 民族性
その法律は私たちに禁じている	652 (名) **法律**
	653 (動) **～に禁じる** (～ from) prohibition (名) 禁止
飲酒運転をしないよう。	654 (形) **酔っ払った** drink (動) ～を飲む
彼女は母親に似ている	655 (熟) **～に似る** (≒ resemble)
	656 (名) **外見** appear (動) 現れる
外見と人格において。	657 (名) **人格**
言うまでもなく	658 (熟) **言うまでもなく** (≒ needless to say)
	659 (形) **うれしい** delight (名) 喜び　(動) ～を喜ばす
私は彼らと出会えてうれしい。	660 (動) **～と出会う**　(名) 出会い

STAGE 2

Unit 45

No.	Sentence	No.	Word	Pronunciation
221	Naturally, the air is thin	661	**naturally**	[nǽtʃərəli]
		662	**thin**	[θín]
	at high altitude.	663	**altitude**	[ǽltət(j)ù:d]
222	We barely	664	**barely**	[béərli]
		665	**reach**	[rí:tʃ]
	reached a consensus.	666	**consensus**	[kənsénsəs]
223	I feel as if I'm getting nowhere	667	**as if**	
		668	**get nowhere**	
	in my career.	669	**career**	[kəríər]
224	There're radical political parties,	670	**radical**	[rǽdikəl]
		671	**political**	[pəlítikəl]
	as well as conservative ones.	672	**conservative**	[kənsə́:rvətiv]
225	You are falling behind.	673	**fall behind**	
		674	**keep up with**	
	Keep up with them by all means.	675	**by all means**	

当然、空気は薄い	661 (副) **当然** natural (形) 自然の
	662 (形) **薄い**、やせた
高地では。	663 (名) **高度**
私たちは何とか	664 (副) **何とか** bare (形) はだかの
	665 (動) **～に着く**
合意に達した。	666 (名) **合意**
私はまるで成果を出せないと感じる	667 (熟) **まるで～のように** (≒ as though)
	668 (熟) **成果が出ない**
自分の仕事において。	669 (名) **仕事**、経歴
革新的政党がある、	670 (形) **革新的な**、根本的な
	671 (形) **政治的な** politics (名) 政治
保守的なものと同様に。	672 (形) **保守的な** conserve (動) ～を保護する
君は遅れている。	673 (熟) **遅れる**
	674 (熟) **～について行く** catch up with ～に追いつく
何としても彼らについて行きなさい。	675 (熟) **何としても**、もちろん

STAGE 2

Unit 46

226	The agency evaluated	676	**agency**	[éidʒənsi]
		677	**evaluate**	[ivǽljuèit]
	her estate.	678	**estate**	[istéit]
227	I look back on my adolescence	679	**look back on**	
		680	**adolescence**	[æ̀dəlésns]
	and feel nostalgic.	681	**nostalgic**	[nɑstǽldʒik]
228	They laugh at me. It's humiliating.	682	**laugh**	[lǽf]
		683	**humiliate**	[hju:mílieit]
	I can't tolerate it.	684	**tolerate**	[tɑ́lərèit]
229	I was in search of a rare item	685	**in search of**	
		686	**rare**	[réər]
	at an antique shop.	687	**antique**	[æntí:k]
230	We discussed the policy	688	**discuss**	[diskʌ́s]
		689	**policy**	[pɑ́ləsi]
	thoroughly.	690	**thoroughly**	[θə́:rouli]

その代理店が査定した
彼女の地所を。

676 (名) **代理店**
agent (名) 代理人

677 (動) **～を査定する**、～を評価する
evaluation (名) 査定

678 (名) **地所**
real estate 不動産

私は青春期を振り返る
そして懐かしく感じる。

679 (熟) **～を振り返る**

680 (名) **青春期**

681 (形) **懐かしい**
nostalgia (名) 郷愁

彼らは私を笑う。それは屈辱的だ。
私はそれを許せない。

682 (動) **笑う** (at)
laughter (名) 笑い

683 (動) **～に恥をかかせる**
humiliation (名) 屈辱

684 (動) **～を大目に見る**
tolerance (名) 寛大

私は希少品を探していた
古美術店で。

685 (熟) **～を探して**

686 (形) **希少な**

687 (形) **古美術の**

私たちはその政策を議論した
徹底的に。

688 (動) **～を議論する**
discussion (名) 議論

689 (名) **政策**、方針

690 (副) **徹底的に**
thorough (形) 徹底的な

STAGE 2

Unit 47

231	It is out of order.	691	**out of order**	
		692	**fix**	[fíks]
	I'll fix it right away.	693	**right away**	
232	Dead leaves accumulate	694	**leaf**	[lí:f]
		695	**accumulate**	[əkjú:mjulèit]
	on the pavement.	696	**pavement**	[péivmənt]
233	More or less, I'm on good terms	697	**more or less**	
		698	**be on good terms**	
	with my colleagues.	699	**colleague**	[káli:g]
234	She never ceases to complain	700	**cease**	[sí:s]
		701	**complain**	[kəmpléin]
	about her misfortune.	702	**misfortune**	[misfɔ́:rtʃən]
235	Likewise, I appreciate	703	**likewise**	[láikwàiz]
		704	**appreciate**	[əprí:ʃièit]
	your taking the trouble.	705	**take the trouble**	

それは故障している。	691 (熟) **故障している**
	692 (動) **〜を修理する**、〜を固定する fixation (名) 固定
私はすぐにそれを修理しよう。	693 (熟) **すぐに** (≒ at once)
枯れ葉がたまっている	694 (名) **葉** (複 leaves)
	695 (動) **蓄積する** accumulation (名) 蓄積
舗道に。	696 (名) **舗道**
だいたい、私はうまくやっている	697 (熟) **大体**、多かれ少なかれ
	698 (熟) **うまくやっている** (with)
私の同僚と。	699 (名) **同僚**
彼女は不満を言い続ける	700 (動) **〜を止める** cessation (名) 停止
	701 (動) **不平を言う** complaint (名) 不平
自分の不運について。	702 (名) **不運**
同様に、私は感謝している	703 (副) **同様に**
	704 (動) **〜に感謝する**、〜を評価する appreciation (名) 感謝、評価
君がわざわざしてくれることに。	705 (熟) **わざわざする**

STAGE 2

Unit 48

No.	Sentence	No.	Word	Pronunciation
236	How about gathering more proof?	706	**how about**	
		707	**gather**	[gǽðər]
		708	**proof**	[prúːf]
237	The reptile had no tail, but it was alive.	709	**reptile**	[réptail]
		710	**tail**	[téil]
		711	**alive**	[əláiv]
238	The plant emits a sweet scent.	712	**plant**	[plǽnt]
		713	**emit**	[imít]
		714	**scent**	[sént]
239	The other day, she stayed up until midnight.	715	**the other day**	
		716	**stay up**	
		717	**midnight**	[mídnait]
240	Their offspring will be no less rich than they are.	718	**offspring**	[ɑ́ːfspriŋ]
		719	**no less A than B**	
		720	**rich**	[rítʃ]

集めてはどうですか	706 (熟) **～はどうですか** (≒ what about)
	707 (動) **～を集める**、集まる
もっと多くの証拠を。	708 (名) **証拠**、証明
そのは虫類は尾がなかった、	709 (名) **は虫類**
	710 (名) **尾** (動) ～の後に続く
しかしそれは生きていた。	711 (形) **生きた**
その植物は放つ	712 (名) **植物** (動) ～を植える
	713 (動) **～を放つ** emission (名) 排出
甘い香りを。	714 (名) **香り**
先日、彼女は夜更かしをした	715 (熟) **先日**
	716 (熟) **夜更かしをする** (≒ sit up)
真夜中まで。	717 (名) **真夜中**
彼らの子孫はなるだろう	718 (名) **子孫**
	719 (熟) **B と同様に A** no more ~ than 同様～でない
彼らと同じくらい金持ちに。	720 (形) **金持ちの**、豊かな richness (名) 豊かさ

STAGE 2

Unit 49

241	He is engaged	721 **engaged** [ingéidʒd] 722 **dubious** [d(j)ú:biəs]
	in a dubious charity.	723 **charity** [tʃǽrəti]
242	The cherry blossoms in this temple	724 **blossom** [blɑ́səm] 725 **temple** [témpl]
	are in full bloom.	726 **bloom** [blú:m]
243	Why don't you sign up	727 **why don't you** 728 **sign up**
	for our adventure tour?	729 **adventure** [ædvéntʃər]
244	The temperature rose	730 **temperature** [témpərətʃər] 731 **degree** [digrí:]
	to 20 degrees centigrade.	732 **centigrade** [séntəgrèid]
245	Your outfit looks out of place.	733 **outfit** [áutfit] 734 **out of place**
	Be more sensible.	735 **sensible** [sénsəbl]

彼は携わっている	721	(形) **携わっている**、婚約している engage (動) 携わる
	722	(形) **疑わしい** doubt (動) ～を疑う
怪しい慈善事業に。	723	(名) **慈善事業**
この寺の桜の花は	724	(名) **(木に咲く) 花**
	725	(名) **寺**
満開だ。	726	(名) **開花、花**　(動) 咲く
申し込みをしてはどうですか	727	(熟) **～してはどうですか** (≒ why not)
	728	(熟) **申し込む**
私たちの冒険ツアーに。	729	(名) **冒険** adventurous (形) 冒険好きな
温度が上がった	730	(名) **温度**
	731	(名) **度**、程度、学位
セ氏 20 度まで。	732	(形) **セ氏の** (Celsius) Fahrenheit (形) カ氏の
君の服装は場違いに見える。	733	(名) **服装**
	734	(熟) **場違いな**
もっと分別を持ちなさい。	735	(形) **分別のある** sensitive (形) 敏感な

Unit 50

246	The ozone layer protects us	736	**layer** [léiər]
		737	**protect** [prətékt]
	from ultraviolet rays.	738	**ultraviolet** [ʌ̀ltrəváiəlit]
247	They set off	739	**set off**
		740	**distant** [dístənt]
	on a distant journey.	741	**journey** [dʒə́:rni]
248	People raised their voices	742	**raise** [réiz]
		743	**voice** [vɔ́is]
	against the corruption.	744	**corruption** [kərʌ́pʃən]
249	It doesn't appeal to his appetite.	745	**appeal** [əpí:l]
		746	**appetite** [ǽpətàit]
	He is particular about food.	747	**be particular about**
250	We convey our feelings	748	**convey** [kənvéi]
		749	**nod** [nɑ́d]
	by nodding or shaking our head.	750	**shake** [ʃéik]

オゾン層は私たちを守る	736 (名) **層** lay (動) ～を置く (過・過分 laid)
	737 (動) **～を守る** protection (名) 保護
紫外線から。	738 (形) **紫外線の** infrared (形) 赤外線の
彼らは出発した	739 (熟) **出発する** (≒ set out)
	740 (形) **遠い** distance (名) 距離
遠い旅に。	741 (名) **旅**
人々は声を上げた	742 (動) **～を上げる**
	743 (名) **声** vocal (形) 声の
その腐敗に対して。	744 (名) **腐敗** corrupt (動) 腐敗する
それは彼の食欲に訴えかけない。	745 (動) **訴える** (to) (名) 訴え
	746 (名) **食欲**
彼は食べ物にうるさい。	747 (熟) **～の好みがうるさい**
私たちは気持ちを伝える	748 (動) **～を伝える**、～を運ぶ
	749 (動) **うなずく**
うなずいたり、首を振ったりして。	750 (動) **～を振る** (過 shook 過分 shaken)

STAGE 2

Unit 51

251	I came across an author,	751	**come across**
		752	**author** [ɔ́:θər]
	who influenced me a lot.	753	**influence** [ínfluəns]
252	I can't stand the smell	754	**stand** [stǽnd]
		755	**smell** [smél]
	of strong perfume.	756	**perfume** [pərfjú:m / pə́:r-]
253	On second thought, she renounced	757	**on second thought**
		758	**renounce** [rináuns]
	her right voluntarily.	759	**voluntarily** [vɑ̀ləntérəli]
254	I added a spice	760	**add** [ǽd]
		761	**bitter** [bítər]
	with a bitter taste.	762	**taste** [téist]
255	The TV program	763	**program** [próugræm]
		764	**on the air**
	is on the air nationwide.	765	**nationwide** [nèiʃənwáid]

私はある作者に出会った、	751 (熟) **〜に出会う** (≒ run across / run into)
	752 (名) **作者**
彼は私に多くの影響を与えた。	753 (動) **〜に影響する** (名) 影響 influential (形) 影響のある
私はそのにおいが耐えられない	754 (動) **〜に耐える** (過・過分 stood)
	755 (名) **におい** (動) においがする
強い香水の。	756 (名) **香水**
考え直して、彼女は放棄した	757 (熟) **考え直して**
	758 (動) **〜を放棄する** renunciation (名) 放棄
彼女の権利を自発的に。	759 (副) **自発的に** voluntary (形) 自発的な
私はスパイスを加えた	760 (動) **〜を加える** (〜 to) addition (名) 追加
	761 (形) **苦い** bitterness (名) 苦さ
苦い味のついた。	762 (名) **味** (動) 味がする
そのテレビ番組は	763 (名) **番組**
	764 (熟) **放送中** in the air 広まった
全国で放送中だ。	765 (副) **全国で** nation (名) 国

STAGE 2

Unit 52

256	I would like to reserve	766 **would like to (do)**
		767 **reserve** [rizə́:rv]
	a seat for my trip.	768 **trip** [tríp]
257	We should abolish	769 **abolish** [əbáliʃ]
		770 **unpleasant** [ʌnplézənt]
	this unpleasant custom.	771 **custom** [kʌ́stəm]
258	The ceremony took place	772 **ceremony** [sérəmòuni]
		773 **take place**
	solemnly.	774 **solemnly** [sáləmli]
259	We are grateful	775 **grateful** [gréitfəl]
		776 **heartfelt** [há:rtfelt]
	for your heartfelt hospitality.	777 **hospitality** [hàspətǽləti]
260	We ought to pay attention	778 **ought to (do)**
		779 **pay attention**
	to aesthetic factors.	780 **aesthetic** [esθétik]

私は予約したい	766	(熟) **〜したい**
	767	(動) **〜を予約する**、〜を保存する reservation (名) 予約
旅行のための席を。	768	(名) **旅行**
私たちは廃止すべきだ	769	(動) **〜を廃止する** (≒ do away with)
	770	(形) **不快な** pleasant (形) 快適な
この不快な習慣を。	771	(名) **習慣**、関税 (-s) customary (形) 習慣の
その儀式は行われた	772	(名) **儀式**
	773	(熟) **行われる**、起こる
厳粛に。	774	(副) **厳粛に** solemn (形) 厳粛な
私たちは感謝している	775	(形) **感謝して** gratify (動) 〜を喜ばす
	776	(形) **心からの** heart (名) 心
君の心からのもてなしに対して。	777	(名) **もてなし**
私たちは注意を払うべきだ	778	(熟) **〜すべきだ** (≒ should)
	779	(熟) **注意を払う** (to)
美的要因に。	780	(形) **美的な**

STAGE 2

Unit 53

No.	Sentence	No.	Word
261	The actor played	781	**actor** [ǽktər]
		782	**main** [méin]
	the main character.	783	**character** [kǽrəktər]
262	I will vote for this candidate	784	**vote** [vóut]
		785	**candidate** [kǽndidèit]
	in the next election.	786	**election** [ilékʃən]
263	In many ways,	787	**in many ways**
		788	**manner** [mǽnər]
	their manners are terrible.	789	**terrible** [térəbl]
264	She is a competent	790	**competent** [kámpətənt]
		791	**trustworthy** [trʌ́stwə̀:rði]
	and trustworthy scholar.	792	**scholar** [skálər]
265	Moreover, they are about to	793	**moreover** [mɔ:róuvər]
		794	**be about to (do)**
	lay us off.	795	**lay off**

その俳優は演じた	781 (名) **俳優**
	782 (形) **主な**
主役を。	783 (名) **登場人物**、性質
私はこの候補者に投票するつもりだ	784 (動) **投票する** (for)　(名) 投票
	785 (名) **候補者**
次の選挙で。	786 (名) **選挙** elect (動) ～を選出する
多くの点で、	787 (熟) **多くの点で**
	788 (名) **マナー** (-s)、方法
彼らのマナーはひどい。	789 (形) **ひどい** terror (名) 恐怖
彼女は有能で	790 (形) **有能な** compete (動) 競争する (with)
	791 (形) **信頼に値する** trust (動) ～を信頼する　(名) 信頼
そして信頼に値する学者だ。	792 (名) **学者**
さらに、彼らはしようとしている	793 (副) **さらに** (≒ furthermore)
	794 (熟) **～するところだ**
私たちを一時解雇に。	795 (熟) **～を一時解雇する** fire (動) ～を解雇する

STAGE 2

Unit 54

266	She endures	796 **endure** [ind(j)úər]
	the grief and pain.	797 **grief** [grí:f]
		798 **pain** [péin]
267	I'm concerned	799 **concerned** [kənsə́:rnd]
	we're running out of capital.	800 **run out of**
		801 **capital** [kǽpətl]
268	Radioactive waste	802 **radioactive** [rèidiouǽktiv]
	was the source of the gamma rays.	803 **source** [sɔ́:rs]
		804 **ray** [réi]
269	He cares about	805 **care about**
	nothing but clothes.	806 **nothing but**
		807 **clothes** [klóuz]
270	A chemical reaction	808 **reaction** [riǽkʃən]
	produces a new substance.	809 **produce** [prəd(j)ú:s]
		810 **substance** [sʌ́bstəns]

彼女は耐える	796 (動) **〜に耐える** endurance (名) 忍耐
	797 (名) **悲しみ** grieve (動) 悲しむ
その悲しみと痛みに。	798 (名) **痛み** painful (形) 痛い
私は懸念している	799 (形) **懸念して**、関係して concern (名) 関心、関係
	800 (熟) **〜を使い果たす**
私たちは資本を使い果たしている。	801 (名) **資本**、首都
放射性廃棄物が	802 (形) **放射性の**
	803 (名) **源**
そのガンマ線の源だった。	804 (名)(放射、光などの) **線**
彼は気にしている	805 (熟) **〜を気にする**
	806 (熟) **〜だけ**、〜そのもの anything but 決して〜でない
衣服だけを。	807 (名) **衣服** cloth (名) 布
化学反応は	808 (名) **反応** react (動) 反応する (to)
	809 (動) **〜を生み出す**、〜を出す production (名) 生産
新たな物質を生み出す。	810 (名) **物質**、内容 substantial (形) 十分な

STAGE 2

Unit 55

No.	Sentence	No.	Word
271	A small quarrel	811	**quarrel** [kwɔ́:rəl]
		812	**lead to**
	can lead to a big fight.	813	**fight** [fáit]
272	We exchanged	814	**exchange** [ikstʃéindʒ]
		815	**formal** [fɔ́:rməl]
	formal greetings.	816	**greeting** [grí:tiŋ]
273	By and large,	817	**by and large**
		818	**method** [méθəd]
	the method is worth trying.	819	**worth** [wə́:rθ]
274	Numerous celebrities	820	**numerous** [n(j)ú:mərəs]
		821	**celebrity** [səlébrəti]
	were invited to the party.	822	**invite** [inváit]
275	Congratulations! You've made it.	823	**congratulation** [kəngrætʃuléiʃən]
		824	**make it**
	This is awesome.	825	**awesome** [ɔ́:səm]

ささいな口論が

大きなけんかになりうる。

811 (名) **口論**

812 (熟) **～につながる**

813 (名) **けんか**　(動) 戦う

私たちは交わした

正式なあいさつを。

814 (動) **～を交換する**　(名) 交換

815 (形) **正式な**
informal (形) 気楽な

816 (名) **あいさつ**
greet (動) あいさつする

概して、

その手法は試す価値がある。

817 (熟) **概して**

818 (名) **方法**

819 (形) **～の価値がある**

多数の有名人が

そのパーティーに招かれた。

820 (形) **多数の**
number (名) 数

821 (名) **有名人**
celebrate (動) ～を祝う

822 (動) **～を招く**
invitation (名) 招待

おめでとう。君はやり遂げた。

これは素晴らしい。

823 (名) **祝い**
congratulate (動) ～を祝う

824 (熟) **実現する**、間に合う

825 (形) **素晴らしい**
awe (名) 畏怖 (いふ)

STAGE 2

Unit 56

276	Apart from me, everyone has	826 **apart from**
		827 **have a good command**
	a good command of a foreign language.	828 **language** [lǽŋgwidʒ]
277	A volcano erupted,	829 **volcano** [vɑlkéinou]
		830 **erupt** [irʌ́pt]
	and people evacuated.	831 **evacuate** [ivǽkjuèit]
278	It's our privilege	832 **privilege** [prívəlidʒ]
		833 **obtain** [əbtéin]
	to obtain the data for free.	834 **for free**
279	The leaks from the ceiling	835 **leak** [lí:k]
		836 **ceiling** [sí:liŋ]
	somehow stopped.	837 **somehow** [sʌ́mhau]
280	Turn over the surface	838 **turn over**
		839 **surface** [sə́:rfis]
	and polish it.	840 **polish** [pɑ́liʃ]

私以外、みんな持っている	826 (熟) **〜を別にして** 827 (熟) **高い能力がある** (of)
外国語の高い能力を。	828 (名) **言語**
火山が噴火した、	829 (名) **火山** 830 (動) **噴火する** eruption (名) 噴火
そして人々が避難した。	831 (動) **避難する** evacuation (名) 避難
それは私たちの特権だ	832 (名) **特権** 833 (動) **〜を得る**
そのデータを無料で得ること。	834 (熟) **無料で** (≒ for nothing)
その天井からの水漏れは	835 (名) **漏れ**　(動) 漏れる 836 (名) **天井**
何となく止まった。	837 (副) **何となく** somewhat (副) 多少
その表面をひっくり返しなさい	838 (熟) **〜をひっくり返す** 839 (名) **表面**
そしてそれを磨きなさい。	840 (動) **〜を磨く**

STAGE 2

Unit 57

281	They settled a dispute	841 **settle** [sétl]
		842 **dispute** [dispjú:t]
	over inheritance.	843 **inheritance** [inhérətəns]
282	This fertile land	844 **fertile** [fə́:rtl]
		845 **suitable** [sú:təbl]
	is suitable for farming.	846 **farm** [fá:rm]
283	When it comes to math, he is second to none.	847 **when it comes to**
		848 **second to none**
	Nobody can beat him.	849 **beat** [bí:t]
284	The huge creature	850 **huge** [hju:dʒ]
		851 **creature** [krí:tʃər]
	was staring at me.	852 **stare** [stéər]
285	A gentle breeze	853 **gentle** [dʒéntl]
		854 **breeze** [brí:z]
	blows.	855 **blow** [blóu]

Track No,

彼らは論争を解決した	841	(動) **～を解決する**、定住する settlement (名) 解決、定住
	842	(名) **論争**　(動) 論争する
相続に関して。	843	(名) **相続** inherit (動) ～を相続する
この肥沃な土地は	844	(形) **肥沃な**
	845	(形) **適した** suit (動) ～に合う
耕作に適している。	846	(動) **耕作する**　(名) 農場
数学となると、彼が一番だ。	847	(熟) **～となると**
	848	(熟) **一番**
誰も彼にかなわない。	849	(動) **～を打ち負かす**、～を打つ
その巨大な生き物は	850	(形) **巨大な**
	851	(名) **生き物**
私をじっと見ていた。	852	(動) **じっと見る** (at)
優しいそよ風が	853	(形) **優しい**
	854	(名) **そよ風**
吹く。	855	(動) **吹く** (過 blew 過分 blown)

STAGE 2

Unit 58

286	The pregnant woman	856	**pregnant** [prégnənt]
		857	**transfer** [trænsfə́:r]
	was transferred by ambulance.	858	**ambulance** [ǽmbjuləns]
287	She turned down	859	**turn down**
		860	**generous** [dʒénərəs]
	their generous offer on the spot.	861	**on the spot**
288	Temporarily,	862	**temporarily** [tèmpərérəli]
		863	**slightly** [sláitli]
	I became slightly deaf.	864	**deaf** [déf]
289	Believe it or not,	865	**believe it or not**
		866	**leap** [lí:p]
	she leaped it over with ease.	867	**with ease**
290	She is blindly obedient	868	**blindly** [bláindli]
		869	**obedient** [oubí:diənt]
	to his will.	870	**will** [wíl]

その妊娠した女性は

救急車で搬送された。

856
(形) **妊娠した**

857
(動) **～を移す**
[ˊ –] (名) 移動

858
(名) **救急車**

彼女は断った

彼らの寛大な申し出をその場で。

859
～を拒絶する
(≒ reject)

860
(形) **寛大な**
generosity (名) 寛大さ

861
(熟) **その場で**

一時的に、

私はわずかに聞こえにくくなった。

862
(副) **一時的に**
temporary (形) 一時的な

863
(副) **わずかに**
slight (形) わずかな

864
(形) **耳の不自由な**

信じがたいだろうが、

彼女は簡単にそれを跳び越えた。

865
(熟) **信じがたいだろうが**

866
(動) **跳ぶ**

867
(熟) **簡単に**
with difficulty 苦労して

彼女は疑うことなく従順だ

彼の意志に。

868
(副) **疑うことなく**
blind (形) 目の不自由な

869
(形) **従順な**
obey (動) ～に従う

870
(名) **意志**　(助) ～するつもり

STAGE 2

Unit 59

291	Are you nervous? Take it easy.	871	**nervous** [nə́:rvəs]
		872	**take it easy**
	Things will turn out fine.	873	**turn out**
292	It's disgusting	874	**disgust** [disgʌ́st]
		875	**flatter** [flǽtər]
	how he flatters his boss.	876	**boss** [bɑ́s]
293	What if he neglects his work	877	**what if**
		878	**neglect** [niglékt]
	on purpose?	879	**on purpose**
294	It is apparent she distorts facts	880	**apparent** [əpǽrənt]
		881	**distort** [distɔ́:rt]
	and exaggerates them.	882	**exaggerate** [igzǽdʒərèit]
295	At times, he calls on us	883	**at times**
		884	**call on**
	all the way from Osaka.	885	**all the way**

君は緊張しているのか。気を楽に。	871 (形) **緊張した** nerve (名) 神経
	872 (熟) **気楽にする** take it seriously 真剣に考える
事はうまく運ぶだろう。	873 (熟) **～の結果になる**、～とわかる (≒ prove)
それはうんざりする	874 (動) **～をうんざりさせる**
	875 (動) **こびる** flattery (名) お世辞
いかに彼が上司にこびるか。	876 (名) **上司**
もし彼が仕事を怠るならどうしよう	877 (熟) **もし～ならどうする**
	878 (動) **～を怠る**
故意に。	879 (熟) **故意に** (≒ intentionally)
明らかに彼女は事実を曲げ	880 (形) **明らかな**、外見上の appear (動) 現れる
	881 (動) **～を曲げる** distortion (名) 歪曲
そしてそれらを誇張している。	882 (動) **～を誇張する** exaggeration (名) 誇張
時々、彼は私たちを訪れる	883 (熟) **時々** (≒ sometimes)
	884 (熟) **～を訪れる** (≒ visit)
はるばる大阪から。	885 (熟) **はるばる**

STAGE 2

Unit 60

No.	Sentence	Word No.	Word
296	It has the capacity to accommodate	886	**capacity** [kəpǽsəti]
		887	**accommodate** [əkάmədèit]
	no less than 300 people.	888	**no less than**
297	What is the overall context	889	**overall** [óuvərɔ:l]
		890	**context** [kάntekst]
	of the passage?	891	**passage** [pǽsidʒ]
298	Be seated and make yourself at home.	892	**seat** [sí:t]
		893	**make oneself at home**
	Help yourself to cake.	894	**help oneself to**
299	Their friendly conversation	895	**friendly** [fréndli]
		896	**conversation** [kὰnvərséiʃən]
	turned ugly.	897	**ugly** [ʌ́gli]
300	Don't dwell on the past.	898	**dwell on**
		899	**face** [féis]
	Face facts and get over it.	900	**get over**

それは収容する能力がある	886	(名) **収容能力** capable (形) 能力のある
	887	(動) **〜を収容する** accommodation (名) 収容
300人も。	888	(熟) **〜も** no more than 〜だけ
全体的な文脈は何なのか	889	(形) **全体的な**
	890	(名) **文脈**、状況
その一節の。	891	(名) (文章の) **一節**、通行
腰を下ろして楽にして。	892	(動) **〜を座らせる**　(名) 席
	893	(熟) **くつろぐ** (≒ make oneself comfortable)
ケーキを自由に取ってね。	894	(熟) **〜を自由に取る**
彼らの親しげな会話は	895	(形) **親しげな**
	896	(名) **会話** converse (動) 会話する　(形) 逆の
見苦しくなった。	897	(形) **見苦しい**
過去にこだわらないで。	898	(熟) **〜にこだわる** dwell (動) 住む
	899	(動) **〜に向き合う**　(名) 顔
事実に向き合い、それを克服しなさい。	900	(熟) **〜を克服する** (≒ overcome)

Unit 61

301	I am timid.	901	**timid** [tímid]
		902	**dread** [dréd]
	I dread mingling with others.	903	**mingle** [míŋgl]
302	There is no knowing	904	**there is no *do*ing**
		905	**come about**
	what'll come about in the next decade.	906	**decade** [dékeid]
303	French nouns have a gender,	907	**gender** [dʒéndər]
		908	**masculine** [mǽskjulin]
	either masculine or feminine.	909	**feminine** [fémənin]
304	They didn't rule out the option	910	**rule out**
		911	**option** [ɑ́pʃən]
	of dismissing the case.	912	**dismiss** [dismís]
305	Their mass assault	913	**mass** [mǽs]
		914	**assault** [əsɔ́:lt]
	was sudden.	915	**sudden** [sʌ́dn]

私は臆病だ。

901 (形) **臆病な**

902 (動) **〜を怖がる**
dreadful (形) 怖い

私は他人と交わることを恐れている。

903 (動) **交わる**

知ることはできない。

904 (熟) **〜できない**

905 (熟) **起こる**
(≒ take place / happen)

次の 10 年に何が起こるのか。

906 (名) **10 年間**

フランス語の名詞には性別がある、

907 (名) **性別**

908 (形) **男の**

男性あるいは女性どちらかの。

909 (形) **女の**

彼らはその選択肢を排除しなかった

910 (熟) **〜を排除する**

911 (名) **選択**
optional (形) 選択の

その訴訟を退けるという。

912 (動) **〜を退ける**、〜を解散させる

彼らの大規模な襲撃は

913 (名) **大量**、質量
massive (形) 大きい

914 (名) **襲撃**

突然だった。

915 (形) **突然の**

Unit 62

No.	Sentence	No.	Word	Pronunciation
306	They formed	916	**form**	[fɔ́:rm]
		917	**labor**	[léibər]
	a labor union.	918	**union**	[jú:njən]
307	To my surprise,	919	**to one's surprise**	
		920	**calm**	[kɑ́:m]
	he stayed calm in an emergency.	921	**emergency**	[imə́:rdʒənsi]
308	We proceeded on a path	922	**proceed**	[prəsí:d]
		923	**path**	[pǽθ]
	to the summit.	924	**summit**	[sʌ́mit]
309	More often than not,	925	**more often than not**	
		926	**addicted**	[ədíktid]
	he is addicted to pleasure.	927	**pleasure**	[pléʒər]
310	They swear to get revenge	928	**swear**	[swéər]
		929	**revenge**	[rivéndʒ]
	for their defeat.	930	**defeat**	[difí:t]

彼らは結成した

労働組合を。

916 (動) **〜を形づくる** (名) 形

917 (名) **労働**

918 (名) **組合**、結合
unit (名) 単位

驚いたことに、

彼は緊急時に冷静だった。

919 (熟) **驚いたことに**
to one's joy うれしいことに

920 (形) **冷静な** (動) 〜を静める

921 (名) **緊急**
emerge (動) 現れる

私たちは小道を進んだ

頂上まで。

922 (動) **進行する**
process (名) 過程 (動) 処理する

923 (名) **小道**

924 (名) **頂上**

しばしば、

彼は快楽にふけっている。

925 (熟) **しばしば**
(≒ often)

926 (形) **中毒の**
addiction 中毒

927 (名) **楽しみ**
please (動) 〜を楽しませる

彼らは雪辱することを誓う

彼らの敗北に対して。

928 (動) **〜を誓う**

929 (名) **雪辱**、復讐

930 (名) **敗北**、打破 (動) 〜を打ち負かす

STAGE 2

Unit 63

311	We occasionally	931	**occasionally**	[əkéiʒənəli]
		932	**keep in touch**	
	keep in touch online.	933	**online**	[ánláin]
312	You may as well compromise.	934	**may as well**	
		935	**compromise**	[kámprəmàiz]
	Reconcile while you can.	936	**reconcile**	[rékənsàil]
313	I'm skeptical	937	**skeptical**	[sképtikəl]
		938	**overcome**	[òuvəkʌ́m]
	we can overcome this crisis.	939	**crisis**	[kráisis]
314	No longer loyal,	940	**loyal**	[lɔ́iəl]
		941	**peasant**	[péznt]
	the peasants started to rebel.	942	**rebel**	[ribél]
315	He is afraid of	943	**be afraid of**	
		944	**tiny**	[táini]
	even a tiny insect.	945	**insect**	[ínsekt]

私たちは時折	931 (副) **時折** occasion (名) 機会
	932 (熟) **連絡を取り合う** (with)
ネット上で連絡を取り合っている。	933 (副) **ネット上で**
君は妥協するのもいい。	934 (熟) **~するのもいい**
	935 (動) **妥協する** (名) 妥協
できるうちに和解しなさい。	936 (動) **和解する** reconciliation (名) 和解
私は疑わしく思う	937 (形) **疑い深い** skepticism (名) 疑念
	938 (動) **~を克服する**
私たちがこの危機を克服できることを。	939 (名) **危機** (複 -ses)
もはや忠誠心を示さず、	940 (形) **忠誠心のある** loyalty (名) 忠誠
	941 (名) **小作農**
その小作農たちは反乱し始めた。	942 (動) **反乱する** [ˊ –] (名) 反逆者
彼は恐れている	943 (熟) **~を恐れる**
	944 (形) **小さな**
小さな昆虫でさえ。	945 (名) **昆虫**

STAGE 2

Unit 64

316	Stop teasing her.	946 **tease** [tí:z]
		947 **make fun of**
	Don't make fun of her accent.	948 **accent** [æksent]
317	Some pedestrians	949 **pedestrian** [pədéstriən]
		950 **nuisance** [n(j)ú:sns]
	cause a nuisance by littering.	951 **litter** [lítər]
318	The machine is capable of	952 **machine** [məʃí:n]
		953 **be capable of**
	meeting the need.	954 **meet the need**
319	The dictator oppressed people	955 **dictator** [díkteitər]
		956 **oppress** [əprés]
	with overwhelming power.	957 **overwhelming** [òuvər(h)wélmiŋ]
320	I was all but drowned	958 **all but**
		959 **drown** [dráun]
	in big waves.	960 **wave** [wéiv]

彼女をからかうのはやめなさい。	946 (動) **～をからかう**
	947 (熟) **～をばかにする** (≒ make a fool of)
彼女のなまりをばかにしてはいけない。	948 (名) **なまり**、強調
一部の歩行者が	949 (名) **歩行者**
	950 (名) **迷惑**
ごみをまき散らして迷惑をかける。	951 (動) **ごみをまき散らす**
その機械は能力がある	952 (名) **機械**
	953 (熟) **～の能力がある**
その必要性に応える。	954 (熟) **必要性に応える**
その独裁者は人々を抑圧した	955 (名) **独裁者**
	956 (動) **～を抑圧する** oppression (名) 圧迫
圧倒的な力で。	957 (形) **圧倒的な** overwhelm (動) ～を圧倒する
私はほとんど溺れそうだった	958 (熟) **ほとんど** (≒ almost)
	959 (動) **～を溺れさせる**
大きな波の中で。	960 (名) **波**

STAGE 2

Unit 65

321	Recently, the population	961	**recently** [ríːsntli]
		962	**population** [pɑ̀pjuléiʃən]
	has been swelling.	963	**swell** [swél]
322	Aggressive and relentless actions	964	**aggressive** [əgrésiv]
		965	**relentless** [riléntləs]
	might provoke a war.	966	**provoke** [prəvóuk]
323	It is no use getting in touch with him.	967	**it is no use *do*ing**
		968	**get in touch**
	He's no longer in business.	969	**no longer**
324	He founded a company	970	**found** [fáund]
		971	**manufacture** [mæ̀njufǽktʃər]
	to manufacture electrical appliances.	972	**appliance** [əpláiəns]
325	For instance, if it's urgent	973	**for instance**
		974	**urgent** [ə́ːrdʒənt]
	you can call for assistance.	975	**call for**

最近、人口が	961 (副) **最近** recent (形) 最近の
	962 (名) **人口** populous (形) 人口の多い
膨らんでいる。	963 (動) **膨らむ**
攻撃的で容赦のない行動は	964 (形) **攻撃的な** aggression (名) 攻撃
	965 (形) **容赦のない**
戦争を引き起こしかねない。	966 (動) **～を引き起こす**、～を挑発する provocative (形) 挑発的な
彼に連絡をとっても仕方ない。	967 (熟) **～しても仕方ない**
	968 (熟) **連絡をとる** (with)
彼はもう仕事をしていない。	969 (熟) **もはや～でない** (≒ not anymore)
彼は会社を創設した	970 (動) **～を創設する** foundation (名) 基礎
	971 (動) **～を製造する**
電化製品を製造するための。	972 (名) **(家庭用) 器具**
例えば、緊急であれば、	973 (熟) **例えば** (≒ for example)
	974 (形) **緊急の** urge (動) ～を強いる
君は助けを求めることができる。	975 (熟) **～を求める** (≒ ask for)

STAGE 2

Unit 66

326	It's not wise	976	**wise** [wáiz]
		977	**interfere** [ìntərfíər]
	to interfere with their vocation.	978	**vocation** [voukéiʃən]
327	Strangely enough,	979	**strangely enough**
		980	**the moment**
	the moment he saw me, he ran away.	981	**run away**
328	A crash in an intersection	982	**crash** [krǽʃ]
		983	**intersection** [ìntərsékʃən]
	caused a traffic jam.	984	**jam** [dʒǽm]
329	These days, returning goods	985	**these days**
		986	**return** [ritə́:rn]
	is often free of charge.	987	**free of charge**
330	The biography depicts	988	**biography** [baiágrəfi]
		989	**depict** [dipíkt]
	her brilliant life.	990	**brilliant** [bríljənt]

Track No,

それは賢明ではない	976 (形) **賢い** wisdom (名) 知恵
彼らの職業に干渉すること。	977 (動) **干渉する** (with) interference (名) 干渉
	978 (名) **職業** vocational (形) 職業の
奇妙なことに、	979 (熟) **奇妙なことに** (≒ strange to say)
彼は私を見るなり、走り去った。	980 (熟) **〜するとすぐに** (≒ the instant)
	981 (熟) **走り去る**
交差点での衝突が	982 (名) **衝突** (動) 衝突する
交通渋滞を引き起こした。	983 (名) **交差点**
	984 (名) **渋滞**、詰め込み
最近、返品は	985 (熟) **最近**
しばしば無料だ。	986 (動) **〜を戻す**、戻る (名) 戻すこと
	987 (熟) **無料**
その伝記は描いている	988 (名) **伝記** autobiography (名) 自伝
彼女の輝かしい人生を。	989 (動) **〜を描く**
	990 (形) **輝かしい** brilliance (名) 輝き

STAGE 2

Unit 67

331	After all, she is married to him.	991	**after all**
		992	**be married to**
	Love gave way to money.	993	**give way to**
332	They were expelled	994	**expel** [ikspél]
		995	**empire** [émpaiər]
	and the empire ruined.	996	**ruin** [rú:in]
333	Needless to say, a monopoly	997	**needless to say**
		998	**monopoly** [mənάpəli]
	prevails in this market.	999	**prevail** [privéil]
334	The sword has	1000	**sword** [sɔ́:rd]
		1001	**dull** [dʌ́l]
	a dull blade.	1002	**blade** [bléid]
335	Without question, you are to blame.	1003	**without question**
		1004	**be to blame**
	Keep that in mind.	1005	**keep ~ in mind**

結局、彼女は彼と結婚している。

991 (熟) **結局**
(≒ eventually)

992 (熟) **〜と結婚している**

愛情は金銭に屈した。

993 (熟) **〜に屈する**

彼らは追放された、

994 (動) **〜を追放する**
expulsion (名) 追放

995 (名) **帝国**

そしてその帝国は滅びた。

996 (動) **滅びる**　(名) 破滅

言うまでもなく、独占が

997 (熟) **言うまでもなく**

998 (名) **独占**

この市場で広がっている。

999 (動) **広がる**
prevalent (形) 広がった

その剣は持っている

1000 (名) **剣**

1001 (形) **鈍い**
sharp (形) 鋭い

鈍い刃を。

1002 (名) **刃**

当然、君に責任がある。

1003 (熟) **当然**

1004 (熟) **責任がある**

それを覚えておきなさい。

1005 (熟) **〜を覚えておく**
(≒ bear ~ in mind)

STAGE 2

Unit 68

No.	Sentence	No.	Word	Pronunciation
336	After they broke up,	1006	**break up**	
		1007	**do nothing but (do)**	
	she did nothing but sob.	1008	**sob**	[sɑ́b]
337	The article covers	1009	**article**	[ɑ́:rtikl]
		1010	**current**	[kə́:rənt]
	current trends.	1011	**trend**	[trénd]
338	They announced	1012	**announce**	[ənáuns]
		1013	**official**	[əfíʃəl]
	an official statement.	1014	**statement**	[stéitmənt]
339	Stop calling him names.	1015	**call names**	
		1016	**verbal**	[və́:rbəl]
	It's verbal abuse.	1017	**abuse**	[əbjú:s]
340	He wasn't cut out	1018	**be cut out for**	
		1019	**harsh**	[hɑ́:rʃ]
	for the harsh mission.	1020	**mission**	[míʃən]

彼らが別れた後、	1006 (熟) **別れる**
	1007 (熟) **～ばかりする**
彼女は泣いてばかりいた。	1008 (動) **すすり泣く**
その記事は扱っている	1009 (名) **記事**、項目
	1010 (形) **現在の** (名) 流れ
現在の流行を。	1011 (名) **流行** trendy (形) 流行の
彼らは発表した	1012 (動) **～を発表する** announcement (名) 発表
	1013 (形) **公式の** (名) 役人
公式の声明を。	1014 (名) **声明**、発言 state (動) ～を述べる
彼への悪口はやめなさい。	1015 (熟) **悪口を言う**
	1016 (形) **言語の** nonverbal (形) 非言語の
それは言葉による虐待だ。	1017 (名) **虐待**、乱用 [– z] (動) ～を乱用する
彼は適していなかった	1018 (熟) **～に適任だ**
	1019 (形) **厳しい**
その厳しい任務に対して。	1020 (名) **任務**、使節

STAGE 2

Unit 69

341	They offer abundant incentives	1021 **abundant**	[əbʌ́ndənt]
		1022 **incentive**	[inséntiv]
	and also subsidies.	1023 **subsidy**	[sʌ́bsədi]
342	Infants need	1024 **infant**	[ínfənt]
		1025 **adequate**	[ǽdikwət]
	adequate nutrition.	1026 **nutrition**	[n(j)u:tríʃən]
343	She rose to her feet and left,	1027 **rise to one's feet**	
		1028 **not so much as**	
	not so much as saying farewell.	1029 **farewell**	[fèərwél]
344	Health is essential	1030 **essential**	[isénʃəl]
		1031 **personal**	[pə́:rsənl]
	for our personal well-being.	1032 **well-being**	[wélbí:iŋ]
345	He is ignorant of even simple rules	1033 **ignorant**	[ígnərənt]
		1034 **simple**	[símpl]
	as regards to tax law.	1035 **as regards (to)**	

彼らは豊富な報奨金を提供する	1021 (形) **豊富な** abound(動) 豊富にある
	1022 (名) **報奨金**、動機
そして補助金も。	1023 (名) **補助金** subsidize (動) ～を助成する
幼児は必要とする	1024 (名) **幼児**
	1025 (形) **十分な**、適切な
十分な栄養を。	1026 (名) **栄養** nutritious (形) 栄養になる
彼女は立ち上がり、そして去った、	1027 (熟) **立ち上がる**
	1028 (熟) **～さえもせず**
別れを告げることもなく。	1029 (名) **別れ**
健康は不可欠だ	1030 (形) **不可欠な**、本質的な essence (名) 本質
	1031 (形) **個人の** person (名) 個人
私たち個人の幸福にとって。	1032 (名) **幸福**、健康
彼は簡単なルールさえ知らない	1033 (形) **無知の** (of) ignorance (名) 無知
	1034 (形) **簡単な**
税法に関して。	1035 (熟) **～に関して** (≒ regarding)

STAGE 2

Unit 70

346	The poll contradicts	1036 **poll**	[póul]
		1037 **contradict**	[kàntrədíkt]
	their prediction.	1038 **prediction**	[pridíkʃən]
347	She has vices	1039 **vice**	[váis]
		1040 **as well as**	
	as well as virtues.	1041 **virtue**	[və́:rtʃu:]
348	We can't foresee	1042 **foresee**	[fɔ:rsí:]
		1043 **perish**	[périʃ]
	whether they'll perish or flourish.	1044 **flourish**	[flə́:riʃ]
349	I dislike sports in general,	1045 **dislike**	[disláik]
		1046 **in general**	
	and running in particular.	1047 **in particular**	
350	We can cope with it	1048 **cope**	[kóup]
		1049 **readily**	[rédəli]
	readily and rapidly.	1050 **rapidly**	[rǽpidli]

その世論調査は矛盾している	1036	(名) **世論調査**
	1037	(動) **～と矛盾する** contradiction (名) 矛盾
彼らの予測と。	1038	(名) **予測**、予言 predict (動) ～を予言する
彼女は悪徳を持っている	1039	(名) **悪徳**
	1040	(熟) **～と同様に**
美徳と同様に。	1041	(名) **美徳**
私たちは予知できない	1042	(動) **～を予知する**
	1043	(動) **滅びる**
彼らが滅びるか栄えるか。	1044	(動) **栄える**
私はスポーツ全般が嫌いだ、	1045	(動) **～を嫌う**
	1046	(熟) **一般的に** (≒ generally)
そして特に走ることは。	1047	(熟) **特に** (≒ particularly)
私たちはそれに対処できる	1048	(動) **対処する** (with)
	1049	(副) **容易に** ready (形) 用意できた
容易にそして速く。	1050	(副) **速く** rapid (形) 速い

STAGE 2

Unit 71

351	Once in a while, he pays a visit to us,	1051	**once in a while**
		1052	**pay a visit to**
	with souvenirs.	1053	**souvenir** [sù:vəníər]
352	They implemented	1054	**implement** [ímpləmənt]
		1055	**elaborate** [ilǽbərət]
	an elaborate strategy.	1056	**strategy** [strǽtədʒi]
353	To say the least, I'm disappointed.	1057	**to say the least**
		1058	**disappoint** [dìsəpɔ́int]
	I'm not good at talking after all.	1059	**be good at**
354	A gigantic bomb	1060	**gigantic** [dʒaigǽntik]
		1061	**bomb** [bɑ́m]
	exploded.	1062	**explode** [iksplóud]
355	What a mess! Let's tidy up	1063	**mess** [més]
		1064	**tidy** [táidi]
	and put things in order.	1065	**in order**

時々、彼は私たちを訪れる、	1051 (熟) **時々**
	1052 (熟) **〜を訪れる** (≒ visit)
みやげを持って。	1053 (名) **みやげ**
彼らは実行した	1054 (動) **〜を実行する**
	1055 (形) **入念な** [−reit] (動) 〜を入念にする
入念な戦略を。	1056 (名) **戦略**
控えめに言っても、私は失望している。	1057 (熟) **控えめに言っても**
	1058 (動) **〜を失望させる** disappointment (名) 失望
結局私は話すのが得意ではない。	1059 (熟) **〜が得意だ**
巨大な爆弾が	1060 (形) **巨大な**
	1061 (名) **爆弾**
爆発した。	1062 (動) **爆発する** explosion (名) 爆発
なんて散らかりようだ。片づけよう	1063 (名) **混乱** messy (形) 混乱した
	1064 (動) **片づける** (up) (形) 片づいた
そして物を整理しよう。	1065 (熟) **整理された** out of order 故障した

STAGE 2

Unit 72

No.	Sentence	Word No.	Word	Pronunciation
356	I'll keep off the barking dog.	1066	**keep off**	
		1067	**bark**	[bá:rk]
	I know it's scary.	1068	**scary**	[skéəri]
357	The house is haunted	1069	**haunt**	[hɔ́:nt]
		1070	**evil**	[í:vəl]
	by an evil spirit.	1071	**spirit**	[spírit]
358	As far as I know,	1072	**as far as**	
		1073	**anything but**	
	he is anything but lazy.	1074	**lazy**	[léizi]
359	Her good conduct	1075	**conduct**	[kándʌkt]
		1076	**deserve**	[dizə́:rv]
	deserves praise.	1077	**praise**	[préiz]
360	This phenomenon	1078	**phenomenon**	[fənámənən]
		1079	**a sort of**	
	is a sort of mystery.	1080	**mystery**	[místəri]

そのほえている犬から離れておこう。	1066 (熟) **～に近づかない** 1067 (動) **ほえる**
それは恐ろしいと私は知っている。	1068 (形) **恐ろしい** scare (動) ～を怖がらす
その家はとりつかれている	1069 (動) **～にとりつく** 1070 (形) **邪悪な**
邪悪な霊に。	1071 (名) **霊**、精神 spiritual (形) 霊の、精神の
私が知る限り、	1072 (熟) **～する限り** (範囲) 1073 (熟) **決して～ではない** (≒ never)
彼は決して怠惰ではない。	1074 (形) **怠惰な** laziness (名) 怠惰
彼女の善行は	1075 (名) **行為** [– –́] (動) ～を導く 1076 (動) **～に値する**
賞賛に値する。	1077 (名) **賞賛**　(動) ～を賞賛する
この現象は	1078 (名) **現象** (複 – mena) 1079 (熟) **一種の** (≒ a kind of)
一種の神秘だ。	1080 (名) **神秘** mysterious (形) 神秘的な

STAGE 2

Unit 73

361	Fold the paper horizontally,	1081 **fold**	[fóuld]
		1082 **horizontally**	[hɑ̀rizɑ́ntəli]
	and then vertically.	1083 **vertically**	[vә́:tikəli]
362	To secure your safety,	1084 **secure**	[sikjúər]
		1085 **safety**	[séifti]
	fasten your seatbelt.	1086 **fasten**	[fǽsn]
363	When turning on the light,	1087 **turn on**	
		1088 **astonish**	[əstɑ́niʃ]
	I was astonished at a stranger.	1089 **stranger**	[stréindʒər]
364	The shape fits	1090 **shape**	[ʃéip]
		1091 **fit**	[fít]
	neatly into the hole.	1092 **neatly**	[ní:tli]
365	I have no choice but to stick	1093 **have no choice but to (do)**	
		1094 **stick**	[stík]
	to my principles.	1095 **principle**	[prínsəpl]

その紙を水平に折りなさい、	1081	(動) **～を折る**
	1082	(副) **水平に** horizon (名) 水平線、地平線
そしてそれから垂直に。	1083	(副) **垂直に**
君の安全を確保するために、	1084	(動) **～を確保する** (形) 安全な security (名) 安全
	1085	(名) **安全** safe (形) 安全な
シートベルトを締めなさい。	1086	(動) **～を締める**
照明をつけた時、	1087	(熟) **スイッチを入れる** turn off スイッチを切る
	1088	(動) **～を驚かす** astonishment (名) 驚き
私は見知らぬ人に驚いた。	1089	(名) **見知らぬ人**
その形は合う	1090	(名) **形** (動) 形作る
	1091	(動) **合う** (形) 適した
きちんとその穴に。	1092	(副) **きちんと** neat (形) きちんとした
私は執着せざるをえない	1093	(熟) **～せざるをえない**
	1094	(動) **くっつく** (≒ cling) (名) 棒
自分の主義に。	1095	(名) **主義**、原則

STAGE 2

Unit 74

No.	Sentence	No.	Word
366	Their enthusiasm	1096	**enthusiasm** [inθú:ziæ̀zm]
		1097	**likely** [láikli]
	is not likely to last long.	1098	**last** [lǽst]
367	I reflected on the matter.	1099	**reflect on**
		1100	**all of a sudden**
	And all of a sudden, I hit on an idea.	1101	**hit on**
368	This stereotype	1102	**stereotype** [stériətàip]
		1103	**root** [rú:t]
	is rooted in racism.	1104	**racism** [réisizm]
369	Fame and wealth	1105	**fame** [féim]
		1106	**wealth** [wélθ]
	are within her reach.	1107	**within one's reach**
370	He resigned	1108	**resign** [rizáin]
		1109	**principal** [prínsəpəl]
	as principal of a primary school.	1110	**primary** [práimeri]

彼らの熱狂ぶりは	1096 (名) **熱狂** enthusiastic (形) 熱狂的な
	1097 (形) **～しそうな**
長く続きそうにない。	1098 (動) **続く**
私はその問題を熟考した。	1099 (熟) **～を熟考する**
	1100 (熟) **突然** (≒ suddenly)
そして突然、私はある考えを思いついた。	1101 (熟) **～を思いつく**
この固定観念は	1102 (名) **固定観念**
	1103 (動) **根づく** (名) 根
人種差別に根づいている。	1104 (名) **人種差別** race (名) 人種、競争
名声と富は	1105 (名) **名声** famous (形) 有名な
	1106 (名) **富** wealthy (形) 裕福な
彼女の手に届くところにある。	1107 (熟) **手の届く** beyond one's reach 手の届かない
彼は辞任した	1108 (名) **辞任する** resignation (名) 辞任
	1109 (名) **校長** (形) 主な
小学校の校長として。	1110 (形) **初等の**、最初の

STAGE 2

Unit 75

371	He is so short-tempered.	1111 **short-tempered** [ʃɔ̀:rttémpərd]
		1112 **scold** [skóuld]
	He often scolds me over trifles.	1113 **trifle** [tráifl]
372	I made arrangements	1114 **arrangement** [əréindʒmənt]
		1115 **preliminary** [prilímənèri]
	for a preliminary session.	1116 **session** [séʃən]
373	Prospects for the business	1117 **prospect** [práspekt]
		1118 **gloomy** [glú:mi]
	are gloomy as a whole.	1119 **as a whole**
374	Artificial Intelligence	1120 **artificial** [à:rtəfíʃəl]
		1121 **intelligence** [intélədʒəns]
	can be troublesome.	1122 **troublesome** [trʌ́blsəm]
375	On the one hand,	1123 **on the one hand**
		1124 **emphasize** [émfəsàiz]
	she emphasizes harmony.	1125 **harmony** [há:rməni]

彼はとても短気だ。	1111 (形) **短気な** temper (名) 気質
	1112 (動) **〜を叱る**
彼はささいなことでよく私を叱る。	1113 (名) **ささいなこと**
私は調整した	1114 (名) **調整**、配置 arrange (動) 〜を整える
	1115 (形) **予備的な**
予備の会合のために。	1116 (名) **会合**
そのビジネスの展望は	1117 (名) **展望**
	1118 (形) **暗い**
全体として暗い。	1119 (熟) **全体として**
人工知能は	1120 (形) **人工の**
	1121 (名) **知能**、情報 intelligent (形) 知的な
面倒なことになりうる。	1122 (形) **面倒な**
一方で、	1123 (熟) **一方で** on the other hand 他方で
	1124 (動) **〜を強調する** emphasis (名) 強調
彼女は調和を強調する。	1125 (名) **調和** harmonize (動) 〜を調和させる

STAGE 2

Unit 76

No.	Sentence	No.	Word
376	You may well be proud	1126	**may well**
		1127	**be proud of**
	of winning the prize.	1128	**prize** [práiz]
377	He is eccentric, restless,	1129	**eccentric** [ikséntrik]
		1130	**restless** [réstləs]
	and always murmuring.	1131	**murmur** [mə́:rmər]
378	That odd superstition	1132	**odd** [ád]
		1133	**superstition** [sù:pərstíʃən]
	is so absurd.	1134	**absurd** [əbsə́:rd]
379	Judging from her work,	1135	**judging from**
		1136	**by no means**
	she is by no means diligent.	1137	**diligent** [dílədʒənt]
380	He did his best to explain it in detail,	1138	**do one's best**
		1139	**in detail**
	but the logic was lacking.	1140	**logic** [ládʒik]

君が誇りに思うのも当然だ	1126 (熟) **〜も当然**、たぶん〜
	1127 (熟) **〜を誇りにする** (≒ take pride in)
その賞を勝ち取ったことに。	1128 (名) **賞**
彼は風変わりで、落ち着かず、	1129 (形) **風変わりの** eccentricity (名) 風変り
	1130 (形) **落ち着かない** rest (名) 休息、残り
そしていつもつぶやいている。	1131 (動) **つぶやく** (名) つぶやき
その奇妙な迷信は	1132 (形) **奇妙な** oddity (名) 奇妙
	1133 (名) **迷信** superstitious (形) 迷信の
あまりにばかげている。	1134 (形) **ばかげた**
彼女の仕事から判断して、	1135 (熟) **〜から判断して**
	1136 (熟) **決して〜ではない** (≒ never) by means of 〜という手段で
彼女は決して勤勉ではない。	1137 (形) **勤勉な** (≒ industrious) diligence (名) 勤勉
彼は全力でそれを詳しく説明した、	1138 (熟) **最善を尽くす**
	1139 (熟) **詳しく**
しかし論理が欠けていた。	1140 (名) **論理**

STAGE 2

Unit 77

381	They rescued the passengers from a sinking boat.	1141 **rescue** [réskju:] 1142 **passenger** [pǽsəndʒər] 1143 **sink** [síŋk]
382	I recollect the chaos vividly.	1144 **recollect** [rèkəlékt] 1145 **chaos** [kéiɑs] 1146 **vividly** [vívidli]
383	I'm putting on weight, so I'll go on a diet. I mean it!	1147 **put on weight** 1148 **go on a diet** 1149 **mean it**
384	An archeologist traced it back to the origin.	1150 **archaeologist** [ɑ̀:kiɑ́lədʒist] 1151 **trace** [tréis] 1152 **origin** [ɔ́:rədʒin]
385	Make sure to take your pulse at an hourly interval.	1153 **make sure** 1154 **pulse** [pʌ́ls] 1155 **interval** [íntərvəl]

彼らはその乗客たちを救助した	1141 (動) **〜を救助する** (名) 救助
	1142 (名) **乗客**
沈んでいく船から。	1143 (動) **沈む**
私はその大混乱を思い出す	1144 (動) **〜を思い出す** recollection (名) 思い出
	1145 (名) **大混乱**
鮮やかに。	1146 (副) **鮮やかに** vivid (形) 鮮やかな
私は体重が増えている、	1147 (熟) **体重が増える** (≒ gain weight)
	1148 (熟) **ダイエットをする** diet (名) ダイエット、食事
だからダイエットをする。私は本気だ。	1149 (熟) **本気だ**
考古学者がその跡をたどった	1150 (名) **考古学者** archaeology (名) 考古学
	1151 (動) **〜の跡をたどる** (名) 跡
その起源まで。	1152 (名) **起源** originate (動) 生じる
確実に君の脈をとりなさい	1153 (熟) **〜を確実にする**
	1154 (名) **脈**
1 時間間隔で。	1155 (名) **間隔** at intervals 間をおいて

STAGE 2

Unit 78

	Sentence	Words
386	It contains	1156 **contain** [kəntéin]
	organic ingredients.	1157 **organic** [ɔ:rgǽnik] 1158 **ingredient** [ingrí:diənt]
387	She is far from independent.	1159 **far from** 1160 **independent** [indipéndənt]
	She always counts on others.	1161 **count on**
388	I'm starving. My stomach is empty.	1162 **starve** [stɑ́:rv] 1163 **empty** [ém(p)ti]
	I feel dizzy.	1164 **dizzy** [dízi]
389	He is not stingy,	1165 **not A but B** 1166 **stingy** [stíndʒi]
	but just thrifty.	1167 **thrifty** [θrífti]
390	They organized a protest	1168 **organize** [ɔ́:rgənàiz] 1169 **protest** [próutest]
	against the awful policy.	1170 **awful** [ɔ́:fəl]

それは含む	1156 (動) **～を含む** 1157 (形) **有機の** organ (名) 器官
有機の材料を。	1158 (名) **材料**
彼女は自立からほど遠い。	1159 (熟) **～からほど遠い** 1160 (形) **独立した** (of) independence (名) 独立
彼女はいつも他人をあてにする。	1161 (熟) **～をあてにする**
私は飢えている。お腹が空っぽだ。	1162 (動) **飢える** starvation (名) 飢え 1163 (形) **空 (から) の** emptiness (名) 空 (から)
私はめまいがする。	1164 (形) **めまいがする**
彼はケチではない、	1165 (熟) **A でなく B** 1166 (形) **けちな**
ただ倹約家なだけだ。	1167 (形) **倹約をした**
彼らは抗議運動を組織した	1168 (動) **～を組織する** organization (名) 組織 1169 (名) **抗議** [– ˊ] (動) 抗議する
そのひどい政策に対して。	1170 (形) **ひどい**

STAGE 2

Unit 79

No.	Sentence	Word No.	Word / Phrase
391	I make use of public facilities	1171	**make use of**
		1172	**facility** [fəsíləti]
	to save money.	1173	**save** [séiv]
392	At any rate, they won't raise	1174	**at any rate**
		1175	**minimum** [mínəməm]
	the minimum wage.	1176	**wage** [wéidʒ]
393	Caught in a shower,	1177	**shower** [ʃáuər]
		1178	**soaking** [sóukiŋ]
	I got soaking wet.	1179	**wet** [wét]
394	She conceived	1180	**conceive** [kənsí:v]
		1181	**unique** [ju:ní:k]
	a very unique notion.	1182	**notion** [nóuʃən]
395	In those days, it was next to impossible	1183	**in those days**
		1184	**next to impossible**
	to make ends meet.	1185	**make (both) ends meet**

私は公共施設を利用する	1171 (熟) **～を利用する** (≒ utilize)
	1172 (名) **施設**、機能 facilitate (動) ～を容易にする
お金を節約するために。	1173 (動) **～を節約する**、～を救う
とにかく、彼らは上げるつもりはない	1174 (熟) **とにかく**
	1175 (名) **最小** maximum (名) 最大
最低賃金を。	1176 (名) **賃金**　(動)(戦い) を行う
にわか雨にあって、	1177 (名) **にわか雨**、シャワー
	1178 (副) **ずぶ濡れに** soak (動) ～を浸す
私はずぶ濡れになった。	1179 (形) **濡れた**
彼女は心に抱いた	1180 (動) **～を心に抱く** concept (名) 概念
	1181 (形) **独特の**
非常に独特な考えを。	1182 (名) **考え**
当時、それはほとんど不可能だった	1183 (熟) **当時** these days　最近
	1184 (熟) **ほとんど不可能** next to ～の隣
収支を合わすこと。	1185 (熟) **収支を合わす**

STAGE 2

Unit 80

396	It is an irony	1186	**irony** [áirəni]
		1187	**add to**
	the change added to pollution.	1188	**pollution** [pəlú:ʃən]
397	An extensive survey was done	1189	**extensive** [iksténsiv]
		1190	**survey** [sə́:rvei]
	under her guidance.	1191	**guidance** [gáidns]
398	After winning the prize,	1192	**win** [wín]
		1193	**beside oneself**
	I was beside myself with joy.	1194	**joy** [dʒɔ́i]
399	Its major symptoms	1195	**symptom** [símptəm]
		1196	**cough** [kɔ́:f]
	are coughing and sneezing.	1197	**sneeze** [sní:z]
400	Any tool will do,	1198	**tool** [tú:l]
		1199	**will do**
	as long as it works.	1200	**as long as**

それは皮肉だ	1186 (名) **皮肉**
	1187 (熟) **～を増やす** (≒ increase)
その変更が汚染を増やした。	1188 (名) **汚染** pollute (動) ～を汚染する
広範囲の調査が行われた	1189 (形) **広範囲の** extend (動) ～を伸ばす
	1190 (名) **調査** [– ˊ] (動) ～を見渡す
彼女の指示のもとで。	1191 (名) **指示**、案内
その賞を勝ち取った後、	1192 (動) **～を勝ち取る** (過・過分 won)
	1193 (熟) **我を忘れて**
私は喜びで我を忘れた。	1194 (名) **喜び** joyful (形) 楽しい
それの主な兆候は	1195 (名) **兆候**
	1196 (動) **せきをする**　(名) せき
せきとくしゃみだ。	1197 (動) **くしゃみをする**　(名) くしゃみ
どんな道具でも十分間に合う、	1198 (名) **道具**
	1199 (熟) **十分間に合う**
それが機能する限り。	1200 (熟) **～する限り** (条件) as far as ～する限り (範囲)

STAGE 3

Unit 81

401	The notorious regulation	1201	**notorious** [noutɔ́:riəs]
		1202	**regulation** [règjuléiʃən]
	obstructs our work.	1203	**obstruct** [əbstrʌ́kt]
402	My secretary	1204	**secretary** [sékrətèri]
		1205	**cheerful** [tʃíərfəl]
	is cheerful and punctual.	1206	**punctual** [pʌ́ŋktʃuəl]
403	I feel like changing the pattern.	1207	**feel like *do*ing**
		1208	**pattern** [pǽtərn]
	It's so monotonous.	1209	**monotonous** [mənɑ́tənəs]
404	They'll reinforce their campaign	1210	**reinforce** [ri:infɔ́:rs]
		1211	**campaign** [kæmpéin]
	against epidemics.	1212	**epidemic** [èpədémik]
405	In other words, they are identical,	1213	**in other words**
		1214	**identical** [aidéntikəl]
	not just similar.	1215	**similar** [símələr]

その悪名高い規制は	1201 (形) **悪名高い**
	1202 (名) **規制** regulate (動) ～規制する
私たちの仕事を妨害している。	1203 (動) **～を妨害する** obstruction (名) 妨害
私の秘書は	1204 (名) **秘書**、長官 (S-)
	1205 (形) **快活な** cheer (動) ～を応援する
快活で時間に正確だ。	1206 (形) **時間に正確な**
私はその模様を変えたい気がする。	1207 (熟) **～したい気がする**
	1208 (名) **模様**、様式
それはあまりに単調だ。	1209 (形) **単調な** monotone (名) 単調
彼らは社会運動を強化するつもりだ	1210 (動) **～を強化する** reinforcement (名) 補強
	1211 (名) **社会運動**
伝染病に対して。	1212 (名) **伝染病**　(形) 伝染性の
言い換えると、それらは同一だ、	1213 (熟) **言い換えると**
	1214 (形) **同一の**
単に似ているのではない。	1215 (形) **似ている** similarity (名) 類似性

STAGE 3

Unit 82

406	Human evolution	1216 **evolution** [èvəlú:ʃən]
		1217 **controversial** [kὰntrəvə́:rʃəl]
	is a controversial subject.	1218 **subject** [sʌ́bdʒikt]
407	From now on, I will refrain	1219 **from now on**
		1220 **refrain** [rifréin]
	from drinking alcohol.	1221 **alcohol** [ǽlkəhɔ̀:l]
408	The song heightens	1222 **heighten** [háitn]
		1223 **patriotic** [pèitriάtik]
	our patriotic sentiment.	1224 **sentiment** [séntəmənt]
409	I love dairy products	1225 **dairy** [déəri]
		1226 **such as**
	such as cheese, butter, and so on.	1227 **and so on**
410	If you violate a rule,	1228 **violate** [váiəlèit]
		1229 **punish** [pʌ́niʃ]
	you will be punished severely.	1230 **severely** [səvíərli]

人類の進化は	1216	(名) **進化**、発展 evolve (動) 進化する
	1217	(形) **論争になる**
論争になる主題だ。	1218	(名) **主題**、科目 (形) 従属的な [– ˊ] (動) ～を支配する
今後、私は控えるつもりだ	1219	(熟) **今後**
	1220	(動) **控える** (from)
アルコールを飲むことを。	1221	(名) **アルコール** alcoholic (形) アルコール性の
その歌は高める	1222	(動) **～を高める** high (形) 高い
	1223	(形) **愛国の** patriot (名) 愛国者
私たちの愛国心を。	1224	(名) **感情**
私は乳製品が大好きだ	1225	(形) **牛乳の**
	1226	(熟) **～のような** as such そうしたものとして
チーズ、バターなどのような。	1227	(熟) **～など** (≒ and so forth)
もし君が規則違反をすれば、	1228	(動) **～に違反する** violation (名) 違反
	1229	(動) **～を罰する** punishment (名) 罰
君は厳しく罰せられるだろう。	1230	(副) **厳しく** severe (形) 厳しい

STAGE 3

Unit 83

	Sentence	Vocabulary
411	Beware of him.	1231 **beware** [biwéər]
	He'll take advantage of your kindness.	1232 **take advantage of**
		1233 **kindness** [káindnis]
412	I feel pity and sorrow	1234 **pity** [píti]
		1235 **sorrow** [sɑ́rou]
	for the victims.	1236 **victim** [víktim]
413	I drop by a nearby shop	1237 **drop by**
		1238 **nearby** [nìərbái]
	to buy groceries.	1239 **grocery** [gróusəri]
414	I'm allergic	1240 **allergic** [ələ́:rdʒik]
		1241 **pollen** [pɑ́lən]
	to pollen and dust.	1242 **dust** [dʌ́st]
415	All you have to do is	1243 **all you have to do is**
		1244 **fill in**
	fill in the blanks.	1245 **blank** [blǽŋk]

彼に用心しなさい。	1231 (動) **用心する** (of)
	1232 (熟) **〜を利用する**
彼は君の優しさを利用するつもりだ。	1233 (名) **優しさ** kind (形) 優しい (名) 種類
私は哀れみと悲しみを感じる	1234 (名) **哀れみ**　(動) 〜を哀れと思う
	1235 (名) **悲しみ** sorry (形) 残念な
その犠牲者に対して。	1236 (名) **犠牲者**
私は近くの店に立ち寄る	1237 (熟) **立ち寄る** (≒ stop by)
	1238 (形) **近くの**
食料品を買うために。	1239 (名) **食料品** (店)
私はアレルギーがある	1240 (形) **アレルギーの** allergy (名) アレルギー
	1241 (名) **花粉**
花粉とほこりに対して。	1242 (名) **ほこり** dusty (形) ほこりっぽい
君はしさえすればいい	1243 (熟) **〜しさえすればいい** (≒ you have only to)
	1244 (熟) **〜に記入する** (≒ fill out)
その空所に記入することを。	1245 (名) **空所**、空白

STAGE 3

Unit 84

416	I can't help but conclude	1246 **can't help but (do)**
		1247 **conclude** [kənklúːd]
	he is a hypocrite.	1248 **hypocrite** [hípəkrit]
417	We prayed	1249 **pray** [préi]
		1250 **divine** [diváin]
	for a divine miracle.	1251 **miracle** [mírəkl]
418	Prices were stable	1252 **price** [práis]
		1253 **stable** [stéibl]
	throughout the year.	1254 **throughout** [θruːáut]
419	The summary of the debate	1255 **summary** [sʌ́məri]
		1256 **debate** [dibéit]
	is as follows.	1257 **as follows**
420	They withdrew the troops	1258 **withdraw** [wiðdrɔ́ː]
		1259 **troop** [trúːp]
	by mistake.	1260 **by mistake**

料金受取人払郵便

牛込局承認

8243

差出有効期間
2023年10月3日
まで

(切手不要)

郵便はがき

162-8790

東京都新宿区
岩戸町12レベッカビル
ベレ出版
読者カード係　行

お名前	年齢
ご住所　〒	
電話番号	性別	ご職業
メールアドレス	

個人情報は小社の読者サービス向上のために活用させていただきます。

ご購読ありがとうございました。ご意見、ご感想をお聞かせください。

● **ご購入された書籍**

● **ご意見、ご感想**

● 図書目録の送付を　□ 希望する　□ 希望しない

ご協力ありがとうございました。
小社の新刊などの情報が届くメールマガジンをご希望される方は、
小社ホームページ（https://www.beret.co.jp/）からご登録くださいませ。

私は結論づけざるをえない	1246 (熟) **〜せざるをえない** (≒ can't help *doing*)
	1247 (動) **〜を結論づける** conclusion (名) 結論
彼は偽善者だ。	1248 (名) **偽善者** hypocrisy (名) 偽善
私たちは祈った	1249 (動) **祈る** prayer (名) 祈り
	1250 (形) **神の**
神の奇跡を求めて。	1251 (名) **奇跡**
価格は安定していた	1252 (名) **価格**
	1253 (形) **安定した** stability (名) 安定
年間を通してずっと。	1254 (前) **〜を通してずっと**
その討論の要約は	1255 (名) **要約** summarize (動) 〜を要約する
	1256 (名) **討論** (動) 討論する
以下の通りだ。	1257 (熟) **以下の通り**
彼らは部隊を退却させた	1258 (動) **〜を退却させる**、〜を引き出す withdrawal (名) 退却、引き出し
	1259 (名) **部隊**
誤って。	1260 (熟) **誤って**

STAGE 3

Unit 85

No.	Sentence	No.	Word
421	Besides being a lawyer,	1261	**besides** [bisáidz]
		1262	**lawyer** [lɔ́:jər]
	he is a well-known writer.	1263	**well-known** [wèlnóun]
422	The poison	1264	**poison** [pɔ́izn]
		1265	**extremely** [ikstrí:mli]
	is extremely dangerous.	1266	**dangerous** [déindʒərəs]
423	Girls don't gaze at him.	1267	**gaze** [géiz]
		1268	**conceited** [kənsí:tid]
	He is conceited and flatters himself.	1269	**flatter oneself**
424	I only need to commute to the office	1270	**need** [ní:d]
		1271	**commute** [kəmjú:t]
	every other day.	1272	**every other day**
425	Glancing at him, she frowned.	1273	**glance** [glǽns]
		1274	**frown** [fráun]
	He looked suspicious.	1275	**suspicious** [səspíʃəs]

弁護士であることに加えて、	1261 (前) **～に加えて** beside (前) ～のそばに
	1262 (名) **弁護士** law (名) 法
彼はよく知られた作家だ。	1263 (形) **よく知られた**
その毒は	1264 (名) **毒** poisonous (形) 有毒な
	1265 (副) **極めて** extreme (形) 極端な
極めて危険だ。	1266 (形) **危険な** danger (名) 危険
少女たちは彼を見つめていない。	1267 (動) **見つめる** (at)
	1268 (形) **うぬぼれた** conceit (名) うぬぼれ
彼はうぬぼれて思い上がっている。	1269 (熟) **思い上がる** flatter (動) こびる
私は会社に通うだけでいい	1270 (動) **～を必要とする** (名) 必要
	1271 (動) **通勤する**
一日おきに。	1272 (熟) **一日おきに**
彼を一目見て、彼女は顔をしかめた。	1273 (動) **一目見る** (at) (名) 一目
	1274 (動) **顔をしかめる**
彼は怪しく見えた。	1275 (形) **怪しい** suspect (動) ～を疑う

STAGE 3

Unit 86

426	Therefore, we approved	1276	**therefore**	[ðéərfɔ̀:r]
		1277	**approve**	[əprú:v]
	of the treaty.	1278	**treaty**	[trí:ti]
427	I've made up my mind.	1279	**make up one's mind**	
		1280	**quit**	[kwít]
	I'll quit the job and launch a business.	1281	**launch**	[lɔ́:ntʃ]
428	From time to time,	1282	**from time to time**	
		1283	**express**	[iksprés]
	he expresses strong emotions.	1284	**emotion**	[imóuʃən]
429	The twins	1285	**twin**	[twín]
		1286	**exactly**	[igzǽktli]
	are exactly alike.	1287	**alike**	[əláik]
430	Above all, we condemn actions	1288	**above all**	
		1289	**condemn**	[kəndém]
	that betray trust.	1290	**betray**	[bitréi]

それゆえに、私たちは承認した	1276 (副) **それゆえに**
	1277 (動) **承認する** (of) approval (名) 承認
その条約について。	1278 (名) **条約**
私は心を決めた。	1279 (熟) **心を決める** (≒ decide)
	1280 (動) **〜をやめる**
私は仕事をやめて事業を始めよう。	1281 (動) **〜を始める**、〜を発射する
時々、	1282 (熟) **時々**
	1283 (動) **〜を表す**　(名) 急行 expression (名) 表現
彼は強い感情を表す。	1284 (名) **感情** emotional (形) 感情的な
その双子は	1285 (名) **双子**
	1286 (副) **正確に** exact (形) 正確な
そっくりだ。	1287 (形) **似ている**
特に、私たちは行動を非難する	1288 (熟) **特に** (≒ especially)
	1289 (動) **〜を非難する** condemnation (名) 非難
信頼を裏切るような。	1290 (動) **〜を裏切る** betrayal (名) 裏切り

STAGE 3

Unit 87

431	He takes a day off	1291 **a day off**
		1292 **rather** [rǽðər]
	rather frequently.	1293 **frequently** [fríːkwəntli]
432	The audience got bored	1294 **audience** [ɔ́ːdiəns]
		1295 **bore** [bɔ́ːr]
	by her tedious style.	1296 **tedious** [tíːdiəs]
433	As is often the case,	1297 **as is often the case**
		1298 **heal** [híːl]
	time will heal the wound.	1299 **wound** [wúːnd]
434	They have nuclear weapons	1300 **nuclear** [n(j)úːkliər]
		1301 **weapon** [wépən]
	as well as conventional ones.	1302 **conventional** [kənvénʃənl]
435	No matter what I do, he objects to it	1303 **no matter what**
		1304 **object** [əbdʒékt]
	and finds fault with me.	1305 **find fault with**

彼は休日を取る

かなり頻繁に。

1291 **休みの日**

1292 (副) **かなり**、むしろ
rather than 〜よりむしろ

1293 (副) **頻繁に** (≒ often)
frequency (名) 頻度

聴衆は退屈させられた

彼女の冗長なスタイルに。

1294 (名) **聴衆**

1295 (動) **〜を退屈させる**

1296 (形) **冗長な**

よくあるように、

時間がその傷を癒すだろう。

1297 (熟) **よくあるように** (with)

1298 (動) **〜を癒す**

1299 (名) **傷** (動) 負傷させる

彼らは核兵器を所有する

通常兵器と同様に。

1300 (形) **核の**

1301 (名) **兵器**

1302 (形) **通常の**、慣習的な
convention (名) 慣習、会議

私が何をしても、彼はそれに反対する

そして私のあら探しをする。

1303 (熟) **何をしようと**
(≒ whatever)

1304 (動) **反対する** (to)
[ˊ –] (名) 物体、目的

1305 (熟) **〜のあら探しをする**

STAGE 3

Unit 88

No.	Sentence	Word No.	Word
436	The stock price dropped in no time	1306	**drop** [drάp]
		1307	**in no time**
	to an unprecedented level.	1308	**unprecedented** [ʌnprésədentid]
437	She has a bad habit	1309	**habit** [hǽbit]
		1310	**bite** [báit]
	of biting her nails.	1311	**nail** [néil]
438	They saw the advent	1312	**advent** [ǽdvent]
		1313	**industrial** [indʌ́striəl]
	of the Industrial Revolution.	1314	**revolution** [rèvəlú:ʃən]
439	We got lost in the woods	1315	**get lost**
		1316	**wear out**
	and worn out owing to hunger.	1317	**owing to**
440	Don't be stupid.	1318	**stupid** [st(j)ú:pid]
		1319	**behave oneself**
	Behave yourself as a grown-up.	1320	**grown-up** [gróunʌp]

株価はすぐに落ち込んだ	1306 (動) **落ちる** (≒ fall)
	1307 (熟) **すぐに**
前例のないレベルまで。	1308 (形) **前例のない** precede (動) ～に先行する
彼女は悪い癖がある	1309 (名) **癖** habitual (形) 習慣の
	1310 (動) **～をかむ**
爪をかむという。	1311 (名) **爪**、釘
彼らはその到来を見た	1312 (名) **到来**
	1313 (形) **産業の** industry (名) 産業、勤勉
産業革命の。	1314 (名) **革命**
私たちは森で道に迷った	1315 (熟) **迷う**
	1316 (熟) **～をすり減らす** (過 wore 過分 worn)
そして空腹のために疲れ切った。	1317 (熟) **～のために** (≒ on account of)
愚かなことをしないで。	1318 (形) **愚かな** stupidity (名) 愚かさ
	1319 (熟) **きちんと振る舞う**
大人としてきちんと振る舞いなさい。	1320 (名) **大人** (≒ adult)

STAGE 3

Unit 89

No.	Sentence	No.	Word	Pronunciation
441	Once thought abnormal,	1321	**abnormal**	[æbnɔ́:rməl]
		1322	**consider**	[kənsídər]
	it is now considered normal.	1323	**normal**	[nɔ́:rməl]
442	He diagnosed her	1324	**diagnose**	[dáiəgnòus / -z]
		1325	**prescribe**	[priskráib]
	and prescribed appropriate medicine.	1326	**appropriate**	[əpróupriət]
443	What a coincidence to run across you	1327	**coincidence**	[kouínsidəns]
		1328	**run across**	
	in this foreign city!	1329	**foreign**	[fɔ́:rən]
444	I owe what I am	1330	**owe**	[óu]
		1331	**what I am**	
	to their support.	1332	**support**	[səpɔ́:rt]
445	Being subjective differs greatly	1333	**subjective**	[səbdʒéktiv]
		1334	**differ**	[dífər]
	from being objective.	1335	**objective**	[əbdʒéktiv]

かつて異常と思われていたが、	1321 (形) **異常な**
	1322 (動) **〜を考える** consideration (名) 考慮
それは今は正常だと考えられている。	1323 (形) **正常な**
彼は彼女を診断した	1324 (動) **〜を診断する** diagnosis (名) 診断
	1325 (動) **〜を処方する** prescription (名) 処方
そして適切な薬を処方した。	1326 (形) **適切な**
君に出会うとは何という偶然か	1327 (名) **偶然の一致**
	1328 (熟) **〜に出会う** (≒ come across)
この外国の町で。	1329 (形) **外国の**
今の私があることで恩を感じる	1330 (動) **〜に恩がある**、借りがある
	1331 (熟) **今の私** what I used to be かつての私
彼らの支援に。	1332 (名) **支援** (動) 〜を支える
主観的であることは大きく異なる	1333 (形) **主観的な**
	1334 (動) **異なる** difference (名) 違い
客観的であることと。	1335 (形) **客観的な** (名) 目的

STAGE 3

Unit 90

No.	Sentence	Word No.	Word	Pronunciation
446	Her instructions	1336	**instruction**	[instrʌ́kʃən]
		1337	**clear**	[klíər]
	are clear and concise.	1338	**concise**	[kənsáis]
447	If it should snow,	1339	**if ~ should**	
		1340	**put off**	
	we would put off our travel.	1341	**travel**	[trǽvəl]
448	This is a crucial moment	1342	**crucial**	[krú:ʃəl]
		1343	**moment**	[móumənt]
	to resolve the issue.	1344	**resolve**	[rizálv]
449	Democracy took the place of	1345	**democracy**	[dimákrəsi]
		1346	**take the place of**	
	the rule of the aristocracy.	1347	**aristocracy**	[ærəstákrəsi]
450	Silence implies	1348	**silence**	[sáiləns]
		1349	**imply**	[implái]
	consent.	1350	**consent**	[kənsént]

彼女の指導は	1336 (名) **指導** instruct (動) ～を指導する
	1337 (形) **明確な** clarify (動) ～を明確にする
明確で簡潔だ。	1338 (形) **簡潔な**
万一雪が降れば、	1339 (熟) **万一～なら**
	1340 (熟) **～を延期する** (≒ postpone)
私たちは旅を延期するだろう。	1341 (名) **旅** (動) 旅する
これは重大な瞬間だ	1342 (形) **重大な**
	1343 (名) **瞬間**
その問題を解決するための。	1344 (動) **～を解決する**、～を決意する resolution (名) 解決、決意
民主主義が取って代わった	1345 (名) **民主主義** democratic (形) 民主的な
	1346 (熟) **～に取って代わる**
その貴族階級の支配に。	1347 (名) **貴族階級**、貴族政治
沈黙は暗示する	1348 (名) **沈黙** silent (形) 沈黙の
	1349 (動) **～を暗示する** implication (名) 暗示
同意を。	1350 (名) **同意** (動) 同意する

STAGE 3

Unit 91

No.	Sentence	No.	Word
451	Ever since belonging to the same club,	1351	**ever since**
		1352	**belong** [bilɔ́:ŋ]
	we have got along well.	1353	**get along**
452	They scatter seeds	1354	**scatter** [skǽtər]
		1355	**seed** [sí:d]
	at random.	1356	**at random**
453	The procedures in the manual	1357	**procedure** [prəsí:dʒər]
		1358	**manual** [mǽnjuəl]
	are often revised.	1359	**revise** [riváiz]
454	They celebrated	1360	**celebrate** [séləbrèit]
		1361	**wedding** [wédiŋ]
	their wedding anniversary.	1362	**anniversary** [æ̀nəvə́:rsəri]
455	We'll cover the shortage.	1363	**cover** [kʌ́vər]
		1364	**shortage** [ʃɔ́:rtidʒ]
	We are obliged to do so.	1365	**be obliged to (do)**

同じ部に所属して以来ずっと、	1351 (熟) **以来ずっと**
	1352 (動) **属する** (to)
私たちは仲良くやっている。	1353 (熟) **うまくやっていく** (with)
彼らは種子をまき散らす	1354 (動) **～をまき散らす**
	1355 (名) **種子**
適当に。	1356 (熟) **適当に**
マニュアル内の手順は	1357 (名) **手続き**
	1358 (名) **マニュアル** (形) 手の
頻繁に改められる。	1359 (動) **～を改める** revision (名) 改訂
彼らは祝った	1360 (動) **～を祝う** celebration (名) 祝い
	1361 (名) **結婚式**
彼らの結婚記念日を。	1362 (名) **記念日**
私たちがその不足分をまかなおう。	1363 (動) **～をまかなう**、～をおおう
	1364 (名) **不足** short (形) 不足した、短い
私たちはそうする義務がある。	1365 (熟) **～する義務がある** obligation (名) 義務

STAGE 3

Unit 92

456

He poured liquor

into glasses lined up in a row.

1366 **pour** [pɔ́ːr]

1367 **liquor** [líkər]

1368 **in a row**

457

It was careless of him

to declare his victory too early.

1369 **careless** [kέərlis]

1370 **declare** [dikléər]

1371 **victory** [víktəri]

458

Many servants

accompany the emperor.

1372 **servant** [sə́ːrvənt]

1373 **accompany** [əkʌ́mpəni]

1374 **emperor** [émpərər]

459

It is necessary

to foster good will in advance.

1375 **necessary** [nésəsèri]

1376 **foster** [fɔ́ːstər]

1377 **in advance**

460

I bought a piece of furniture

at a reasonable price.

1378 **a piece of**

1379 **furniture** [fə́ːrnitʃər]

1380 **reasonable** [ríːzənəbl]

彼は酒を注いだ	1366 (動) **〜を注ぐ**
	1367 (名) **酒**
一列に並べられたグラスに。	1368 (熟) **一列に** row (名) 列
それは彼の不注意だった	1369 (形) **不注意な** careful (形) 注意深い
	1370 (動) **〜を宣言する** declaration (名) 宣言
勝利をあまりに早く宣言すること。	1371 (名) **勝利** victorious (形) 勝利の
多くの召し使いが	1372 (名) **召し使い** serve (動) 〜に仕える
	1373 (動) **〜に同行する**
皇帝に同行する。	1374 (名) **皇帝** empress (名) 女帝
それは必要だ	1375 (形) **必要な** necessity (名) 必要
	1376 (動) **〜を育む**
あらかじめ善意を育むこと。	1377 (熟) **あらかじめ** (≒ beforehand)
私は一つ家具を買った	1378 (熟) **一つの**、一切れの
	1379 (名) **家具**
手ごろな値段で。	1380 (形) **手ごろな**、合理的な

STAGE 3

Unit 93

461	Ladders are made	1381 **ladder** [lǽdər]
		1382 **ascend** [əsénd]
	to ascend and descend.	1383 **descend** [disénd]
462	To make matters worse,	1384 **to make matters worse**
		1385 **earthquake** [ə́:rθkweik]
	an earthquake hit the area.	1386 **hit** [hít]
463	We cherish the heritage	1387 **cherish** [tʃériʃ]
		1388 **heritage** [héritidʒ]
	from our ancestors.	1389 **ancestor** [ǽnsestər]
464	She screamed	1390 **scream** [skrí:m]
		1391 **at the sight of**
	at the sight of the beast.	1392 **beast** [bí:st]
465	The statistics show	1393 **statistics** [stətístiks]
		1394 **drastic** [drǽstik]
	a drastic increase in immigration.	1395 **immigration** [ìməgréiʃən]

はしごは作られている	1381 (名) **はしご**
	1382 (動) **登る**
登ったり降りたりするために。	1383 (動) **降りる**
さらに悪いことに、	1384 (熟) **さらに悪いことに**
	1385 (名) **地震**
地震がその地域を襲った。	1386 (動) **～を襲う**、～を打つ (過・過分 hit)
私たちはその遺産を大切にする	1387 (動) **～を大切にする**
	1388 (名) **遺産**
祖先からの。	1389 (名) **祖先**
彼女は悲鳴を上げた	1390 (動) **悲鳴を上げる**
	1391 (熟) **～を見て**
その獣を見て。	1392 (名) **獣**
その統計が示している	1393 (名) **統計** statistical (形) 統計の
	1394 (形) **急激な**
移住の急激な増加を。	1395 (名) **(入国) 移住** immigrant (名) 移民

STAGE 3

Unit 94

466	I pay an annual fee	1396 **annual** [ǽnjuəl]
		1397 **fee** [fí:]
	for subscription.	1398 **subscription** [səbskrípʃən]
467	She passed away	1399 **pass away**
		1400 **fulfill** [fulfíl]
	before fulfilling her ambition.	1401 **ambition** [æmbíʃən]
468	He seldom, if ever, shows	1402 **seldom** [séldəm]
		1403 **if ever**
	his gratitude.	1404 **gratitude** [grǽtət(j)ù:d]
469	The Constitution guarantees	1405 **constitution** [kɑ̀nstət(j)ú:ʃən]
		1406 **guarantee** [gæ̀rəntí:]
	our fundamental rights.	1407 **fundamental** [fʌ̀ndəméntl]
470	We assign the tasks	1408 **assign** [əsáin]
		1409 **task** [tǽsk]
	equally.	1410 **equally** [í:kwəli]

私は年額料金を払う	1396 (形) **一年の**
	1397 (名) **料金**
定期購読のための。	1398 (名) **定期購読** subscribe (動) 定期購読する (to)
彼女は亡くなった	1399 (熟) **亡くなる** (≒ die)
	1400 (動) **～を果たす** fulfillment (名) 実行
彼女の野望を果たす前に。	1401 (名) **野望** ambitious (形) 野望を持った
彼は、まず示さない	1402 (副) **めったに～ない** (≒ rarely)
	1403 (熟) **たとえ～しても**
彼の感謝の意を。	1404 (名) **感謝**
憲法は保証している	1405 (名) **憲法** (C－)、構成 constitute (動) ～を構成する
	1406 (動) **～を保証する**　(名) 保証
私たちの基本的な権利を。	1407 (形) **基本的な** foundation (名) 基礎
私たちはその仕事を割り当てる	1408 (動) **～を割り当てる** assignment (名) 課題
	1409 (名) **仕事**
等しく。	1410 (副) **等しく** equality (名) 平等

STAGE 3

Unit 95

471	If it were not for your recommendation,	1411 **if it were not for** 1412 **recommendation** [rèkəmendéiʃən]
	I wouldn't be hired.	1413 **hire** [háiər]
472	A tremendous terror	1414 **tremendous** [trəméndəs] 1415 **terror** [térər]
	seized me.	1416 **seize** [sí:z]
473	A multitude of technical problems	1417 **a multitude of** 1418 **technical** [téknikəl]
	appeared one after another.	1419 **one after another**
474	You can inquire	1420 **inquire** [inkwáiər] 1421 **status** [stéitəs]
	about the status of your baggage.	1422 **baggage** [bǽgidʒ]
475	I'm ashamed of having behaved	1423 **be ashamed of** 1424 **behave** [bihéiv]
	in such a rude way.	1425 **rude** [rú:d]

君の推薦がなければ、	1411 (熟) **もし～がなければ**
	1412 (名) **推薦** recommend (動) ～を推薦する
私は雇われないだろう。	1413 (動) **～を雇う**
とてつもない恐怖が	1414 (形) **とてつもない**
	1415 (名) **恐怖** terrific (形) 素晴らしい
私をとらえた。	1416 (動) **～をつかむ** seizure (名) つかむこと
多数の技術的な問題が	1417 (熟) **多数の** (≒ many)
	1418 (形) **技術的な** technique (名) 技術
次から次に現れた。	1419 (熟) **次から次に**
君は尋ねることができる	1420 (動) **～を尋ねる** inquiry (名) 問い合わせ
	1421 (名) **状況**、地位
君の手荷物の状況について。	1422 (名) **手荷物** (≒ luggage)
私は振る舞ったことを恥じている	1423 (熟) **～を恥じている** shame (名) 恥、残念
	1424 (動) **振る舞う** behavior (名) 振る舞い
そんな不作法に。	1425 (形) **不作法な** rudeness (名) 不作法

STAGE 3

Unit 96

476	They pulled down	1426	**pull down**	
	a medieval castle.	1427	**medieval**	[mì:dií:vəl]
		1428	**castle**	[kǽsl]
477	Our trade surplus	1429	**trade**	[tréid]
	turned into a deficit.	1430	**surplus**	[sə́:rplʌs]
		1431	**deficit**	[défəsit]
478	The masterpiece was translated	1432	**masterpiece**	[mǽstəpi:s]
	and published in Japan.	1433	**translate**	[trænsléit]
		1434	**publish**	[pʌ́bliʃ]
479	He is absorbed in study	1435	**be absorbed in**	
	and confines himself to the laboratory.	1436	**confine**	[kənfáin]
		1437	**laboratory**	[lǽbərətɔ̀:ri]
480	She has plenty of talent	1438	**plenty of**	
	and charm.	1439	**talent**	[tǽlənt]
		1440	**charm**	[tʃá:rm]

彼らは取り壊した	1426 (熟) **〜を取り壊す** 1427 (形) **中世の**
中世の城を。	1428 (名) **城**
私たちの貿易黒字は	1429 (名) **貿易**、商業　(動) 売買する 1430 (名) **黒字**
赤字に変わった。	1431 (名) **赤字**
その名作は翻訳された	1432 (名) **名作** 1433 (動) **〜を翻訳する** translation (名) 翻訳
そして日本で出版された。	1434 (動) **〜を出版する**、〜を発表する
彼は研究に夢中だ	1435 (熟) **〜に夢中だ** 1436 (動) **〜を制限する** confinement (名) 制限
そして実験室に閉じ込もっている。	1437 (名) **実験室**
彼女は豊かな才能を持っている	1438 (熟) **豊かな** 1439 (名) **才能**
そして魅力を。	1440 (名) **魅力**、お守り

STAGE 3

Unit 97

481	They plan an exhibition	1441	**exhibition** [èksəbíʃən]
		1442	**means** [mi:nz]
	as a means of advertisement.	1443	**advertisement** [ædvərtáizmənt]
482	As he aged,	1444	**age** [éidʒ]
		1445	**strict** [stríkt]
	he became strict and stubborn.	1446	**stubborn** [stʌ́bərn]
483	She has, so to speak,	1447	**so to speak**
		1448	**loose** [lú:s]
	a loose tongue.	1449	**tongue** [tʌ́ŋ]
484	I have the impression	1450	**impression** [impréʃən]
		1451	**commit** [kəmít]
	that he has committed some sin.	1452	**sin** [sín]
485	With regard to your conscience,	1453	**with regard to**
		1454	**conscience** [kɑ́nʃəns]
	retain your honor.	1455	**retain** [ritéin]

彼らは展示会を計画する	1441	(名) **展示会** exhibit (動) ～を展示する
	1442	(名) **手段**
宣伝の手段として。	1443	(名) **宣伝** advertise (動) 宣伝する
彼は年をとるにつれて、	1444	(動) **年をとる**　(名) 年齢、時代
	1445	(形) **厳しい**
厳しく頑固になった。	1446	(形) **頑固な**
彼女が持っているのは、いわゆる	1447	(熟) **いわゆる** (≒ so-called)
	1448	(形) **ゆるい** tight (形) きつい
ゆるい舌だ（＝おしゃべり）。	1449	(名) **舌**、言語
私はその印象がある	1450	(名) **印象** impress (動) ～を印象づける
	1451	(動) **～を犯す**、～を委ねる
彼が何か罪を犯したという。	1452	(名)(道徳上の) **罪** sinful (形) 罪深い
君の良心に関しては、	1453	(熟) **～に関して** (≒ in regard to)
	1454	(名) **良心** conscientious (形) 良心の
自らの名誉を保持しなさい。	1455	(動) **～を保持する**

STAGE 3

Unit 98

486	I dispose of / trash and junk properly.	1456 **dispose** [dispóuz] 1457 **trash** [træʃ] 1458 **junk** [dʒʌ́ŋk]
487	She is polite / and at the same time humorous.	1459 **polite** [pəláit] 1460 **at the same time** 1461 **humorous** [hjú:mərəs]
488	He is totally different / when in public and in private.	1462 **totally** [tóutəli] 1463 **in public** 1464 **in private**
489	They wrap the parcel / elegantly.	1465 **wrap** [rǽp] 1466 **parcel** [pɑ́:rsəl] 1467 **elegantly** [éligəntli]
490	We reap what we sow. / That is a social rule.	1468 **reap** [rí:p] 1469 **sow** [sóu] 1470 **social** [sóuʃəl]

私は処分する	1456 (動) **〜を処分する** (of)、〜を並べる disposal (名) 処分
	1457 (名) **ごみ**
ごみとガラクタを適切に。	1458 (名) **ガラクタ**
彼女は礼儀正しい	1459 (形) **礼儀正しい** politeness (名) 礼儀正しさ
	1460 (熟) **同時に**
そして同時にユーモアがある。	1461 (形) **ユーモアがある** humor (名) ユーモア
彼は全く違う	1462 (副) **全く** total (名) 合計
	1463 (熟) **人前で**
人前と私生活の時では。	1464 (熟) **私生活で**
彼らはその小包を包む	1465 (動) **〜を包む**
	1466 (名) **小包**
優雅に。	1467 (副) **優雅に** elegant (形) 優雅な
私たちは自分がまいたものを刈り取る。	1468 (動) **〜を刈り取る**
	1469 (動) **〜をまく**
それが社会のルールだ。	1470 (形) **社会の** society (名) 社会

STAGE 3

Unit 99

No.	Sentence	No.	Word
491	He has encouraged me	1471	**encourage** [inkə́:ridʒ]
		1472	**believe in**
	to believe in my potential.	1473	**potential** [pəténʃəl]
492	Many fairy tales	1474	**fairy** [féəri]
		1475	**tale** [téil]
	start with "Once upon a time."	1476	**once upon a time**
493	There is a surgeon and a physician	1477	**surgeon** [sə́:rdʒən]
		1478	**physician** [fizíʃən]
	in this clinic.	1479	**clinic** [klínik]
494	His harassment of subordinates	1480	**harassment** [həræ̀smənt]
		1481	**subordinate** [səbɔ́:rdənət]
	is clearly not moral.	1482	**moral** [mɔ́:rəl]
495	Out of the blue, I was fired.	1483	**out of the blue**
		1484	**fire** [fáiər]
	I'm now unemployed.	1485	**unemployed** [ʌ̀nimplɔ́id]

彼は私を励ましてきた	1471 (動) **～を励ます** encouragement (名) 激励
	1472 (熟) **(存在、価値) を信じる**
私の可能性を信じるように。	1473 (名) **潜在能力** (形) 潜在的な
多くのおとぎ話は	1474 (名) **妖精**
	1475 (名) **話**
「むかしむかし」で始まる。	1476 (熟) **むかしむかし**
外科医と内科医がいる	1477 (名) **外科医**
	1478 (名) **内科医**
この診療所には。	1479 (名) **診療所**
彼の部下への嫌がらせは	1480 (名) **嫌がらせ**
	1481 (名) **部下** (形) 下位の
明らかに道徳に反する。	1482 (形) **道徳的な** morality (名) 道徳性
突然、私は解雇された。	1483 (熟) **突然**
	1484 (動) **～を解雇する** (名) 火
私は今失業中だ。	1485 (形) **失業した** unemployment (名) 失業

STAGE 3

Unit 100

496	They rushed at once	1486	**rush**	[rʌ́ʃ]
		1487	**at once**	
	to extinguish the fire	1488	**extinguish**	[ikstíŋgwiʃ]
497	The soldiers	1489	**soldier**	[sóuldʒər]
		1490	**cruel**	[krúːəl]
	were cruel and reckless.	1491	**reckless**	[réklis]
498	It's more than mischief.	1492	**mischief**	[místʃif]
		1493	**mean**	[míːn]
	His actions are mean and wicked.	1494	**wicked**	[wíkid]
499	The figure I saw in the distance	1495	**figure**	[fígjər]
		1496	**in the distance**	
	was tall and lean.	1497	**lean**	[líːn]
500	Psychology	1498	**psychology**	[saikálədʒi]
		1499	**be linked to**	
	is linked to philosophy.	1500	**philosophy**	[filásəfi]

彼らはすぐに急いで向かった	1486 (動) **急いで行く** (名) 急ぎ
	1487 (熟) **すぐに** (≒ immediately)
その火を消すために。	1488 (動) **〜を消す** extinct (形) 消えた
その兵士たちは	1489 (名) **兵士**
	1490 (形) **残酷な** cruelty (名) 残酷さ
残酷で無謀だった。	1491 (形) **無謀な**
それはいたずらを越えている。	1492 (名) **いたずら**
	1493 (形) **卑劣な** (動) 〜を意味する
彼の行動は卑劣で邪悪だ。	1494 (形) **邪悪な**
私が遠くに見たその姿は	1495 (名) **姿**、人物、数 (動) 〜と思う
	1496 (熟) **遠くに** at a distance 少し離れて
背が高くやせていた。	1497 (形) **やせた**、傾いた (動) 傾く
心理学は	1498 (名) **心理学**
	1499 (熟) **〜につながっている** link (名) 結びつき
哲学につながっている。	1500 (名) **哲学**

STAGE 3

Unit 101

501	She undertook the job	1501	**undertake**	[ʌndərtéik]
		1502	**bury**	[béri]
	of burying the evidence.	1503	**evidence**	[évədəns]
502	He is mature and smart,	1504	**mature**	[mət(j)úər]
		1505	**smart**	[smɑ́:rt]
	but far from humble.	1506	**humble**	[hʌ́mbl]
503	You are not able to vend here.	1507	**be able to (do)**	
		1508	**vend**	[vénd]
	Take your things elsewhere.	1509	**elsewhere**	[éls(h)wèər]
504	Blood circulates	1510	**blood**	[blʌ́d]
		1511	**circulate**	[sə́:rkjulèit]
	to all body tissues.	1512	**tissue**	[tíʃu:]
505	For the life of me,	1513	**for the life of me**	
		1514	**make out**	
	I can't make out the purpose.	1515	**purpose**	[pə́:rpəs]

彼女はその仕事を引き受けた	1501 (動) **～を引き受ける**
	1502 (動) **～を埋める** burial (名) 埋葬
その証拠を埋めるという。	1503 (名) **証拠** evident (形) 明らかな
彼は成熟していて頭がいい、	1504 (形) **成熟した** maturity (名) 成熟
	1505 (形) **頭がいい**
しかし謙虚からはほど遠い。	1506 (形) **謙虚な**
君はここで売ることはできない。	1507 (熟) **～できる**
	1508 (動) **(路上で) 売る**
君のものを他へ持って行きなさい。	1509 (副) **他の場所へ** somewhere (副) どこか
血液は循環する	1510 (名) **血液** bleed (動) 流血する
	1511 (動) **循環する** circulation (名) 循環
全ての体の組織まで。	1512 (名) **組織**
どうしても、	1513 (熟) **どうしても**
	1514 (熟) **～を理解する** (≒ understand)
私はその目的を理解できない。	1515 (名) **目的** purposeful (形) 目的のある

Unit 102

506	They earn a living	1516	**earn**	[ə́:rn]
		1517	**living**	[líviŋ]
	by growing vegetables.	1518	**vegetable**	[védʒətəbl]
507	Perhaps, it will do you good	1519	**perhaps**	[pərhǽps]
		1520	**do ~ good**	
	rather than harm you.	1521	**harm**	[há:rm]
508	Thanks to your help,	1522	**thanks to**	
		1523	**attain**	[ətéin]
	I attained my goal in time.	1524	**in time**	
509	His perspective	1525	**perspective**	[pərspéktiv]
		1526	**broad**	[brɔ́:d]
	is broad and liberal.	1527	**liberal**	[líbərəl]
510	The canal is shallow	1528	**canal**	[kənǽl]
		1529	**shallow**	[ʃǽlou]
	and narrow.	1530	**narrow**	[nǽrou]

彼らは生活費を稼ぐ	1516 (動) **～を稼ぐ**
	1517 (名) **生活費**
野菜を育てることで。	1518 (名) **野菜**
おそらく、それは君の役に立つだろう	1519 (副) **おそらく**
	1520 (熟) **～の役に立つ**
君を害するというよりむしろ。	1521 (動) **～を害する** (名) 害 do ～ harm ～を害する
君の手助けのおかげで、	1522 (熟) **～のおかげで**
	1523 (動) **～を達成する** attainment (名) 達成
私は時間内に目標を達成した。	1524 (熟) **間に合って**、やがて
彼の観点は	1525 (名) **観点**
	1526 (形) **広い** breadth (名) 幅
広くそして自由である。	1527 (形) **自由な** liberty (名) 自由
その運河は浅い	1528 (名) **運河**
	1529 (形) **浅い** deep (形) 深い
そして狭い。	1530 (形) **狭い** wide (形) 幅広い

Unit 103

	Phrase	Words
511	I wonder	1531 **wonder** [wʌ́ndər]
		1532 **whether or not**
	whether or not it is available.	1533 **available** [əvéiləbl]
512	The missionaries converted	1534 **missionary** [míʃənèri]
		1535 **convert** [kənvə́:rt]
	many to Christianity.	1536 **Christianity** [krìstʃiǽnəti]
513	They have innate ties	1537 **innate** [inéit]
		1538 **tie** [tái]
	to one another.	1539 **one another**
514	No peace is permanent	1540 **permanent** [pə́:rmənənt]
		1541 **firm** [fə́:rm]
	without a firm resolution.	1542 **resolution** [rèzəlú:ʃən]
515	We negotiated our working conditions	1543 **negotiate** [nigóuʃièit]
		1544 **condition** [kəndíʃən]
	with those in charge.	1545 **in charge**

私は疑問に思う

1531 (動) **～を疑問に思う**　(名) 驚嘆
wonderful (形) 素晴らしい

1532 (熟) **～かどうか、**
～であってもなくても

それは利用できるかどうか

1533 (形) **利用できる**
availability (名) 有用性

その宣教師たちは改宗させた

1534 (名) **宣教師**
mission (名) 任務

1535 (動) **～を変える**

多くをキリスト教に。

1536 (名) **キリスト教**
Buddhisim (名) 仏教

それらは生来の結びつきがある

1537 (形) **生来の**

1538 (名) **結びつき**　(動) ～を結ぶ

お互いに。

1539 (熟) **お互い**
(≒ each other)

どんな平和も永続的ではない

1540 (形) **永続的な**

1541 (形) **固い**　(名) 企業

固い決意なしでは。

1542 (名) **決意**
resolve (動) ～を決意する

私たちは労働条件を交渉した

1543 (動) **～を交渉する**
negotiation (名) 交渉

1544 (名) **条件**、状態
conditional (形) 条件の

担当者達と。

1545 (熟) **担当している** (of)

STAGE 3

Unit 104

516	Your advice is of great use	1546 **advice** [ædváis]
		1547 **be of use**
	to stay in shape.	1548 **in shape**
517	They illegally bet money	1549 **illegally** [ìllí:gəli]
		1550 **bet** [bét]
	on the outcome of a game.	1551 **outcome** [áutkʌm]
518	His academic certificate	1552 **academic** [æ̀kədémik]
		1553 **certificate** [sərtífikət]
	was counterfeit.	1554 **counterfeit** [káuntərfìt]
519	I would rather be active	1555 **would rather**
		1556 **active** [ǽktiv]
	than passive.	1557 **passive** [pǽsiv]
520	This is insane and out of the question.	1558 **insane** [inséin]
		1559 **out of the question**
	We'll be put in jail.	1560 **jail** [dʒéil]

君の助言は非常に役立つ	1546 (名) **助言** advise (動) ～に助言する
	1547 (熟) **役立つ** be of value 価値のある
健康維持のために。	1548 (熟) **快調な** out of shape 不調な
彼らは違法に金を賭けている	1549 (副) **違法に** illegal (形) 違法の
	1550 (動) **～を賭ける** (名) 賭け
試合の結果に。	1551 (名) **結果** (≒ result)
彼の履修証明書は	1552 (形) **学問の**
	1553 (名) **証明書**
偽造だった。	1554 (形) **偽造の**
私はむしろ積極的でありたい	1555 (熟) **むしろ～したい**
	1556 (形) **積極的な** activity (名) 活動
消極的よりも。	1557 (形) **消極的な**
これは狂気で問題外だ。	1558 (形) **狂気の** sane (形) 正気の
	1559 (熟) **問題外の**
私たちは刑務所に入れられるだろう。	1560 (名) **刑務所**

STAGE 3

Unit 105

521	He breathed a sigh	1561 **breathe**	[brí:ð]
		1562 **sigh**	[sái]
	of relief.	1563 **relief**	[rilí:f]
522	We were welcomed	1564 **welcome**	[wélkəm]
		1565 **cheer**	[tʃíər]
	with cheers and applause.	1566 **applause**	[əplɔ́:z]
523	To be frank,	1567 **to be frank**	
		1568 **confidence**	[kánfədəns]
	too much confidence annoys people.	1569 **annoy**	[ənɔ́i]
524	The army serves the people	1570 **army**	[á:rmi]
		1571 **serve**	[sə́:rv]
	by defending the nation.	1572 **defend**	[difénd]
525	In short,	1573 **in short**	
		1574 **superficial**	[sù:pərfíʃəl]
	it's just a superficial decoration.	1575 **decoration**	[dèkəréiʃən]

彼はため息をついた	1561 (動) **呼吸をする** breath (名) 呼吸
	1562 (名) **ため息**　(動) ため息をつく
安堵（あんど）の。	1563 (名) **安心** relieve (動) ～をほっとさせる
私たちは歓迎された	1564 (動) **～を歓迎する**
	1565 (名) **声援**　(動) ～を応援する
声援と拍手かっさいで。	1566 (名) **拍手かっさい**
率直に言って、	1567 (熟) **率直に言って** (with)
	1568 (名) **自信**、信用 confident (形) 自信のある
過信は人々を嫌な気にさせる。	1569 (動) **～を嫌な気にさせる** annoyance (名) 迷惑
軍は国民に仕えている	1570 (名) **(陸) 軍** navy (名) 海軍　air force 空軍
	1571 (動) **～に仕える**
国を防衛することで。	1572 (動) **～を防衛する** defense (名) 防衛
すなわち、	1573 (熟) **すなわち**
	1574 (形) **表面的な**
それはただの表面的な飾りだ。	1575 (名) **飾り** decorate (動) ～を飾る

STAGE 3

Unit 106

526	A digestive disorder	1576	**digestive**	[daidʒéstiv / di-]
		1577	**disorder**	[disɔ́:rdər]
	is affecting my work.	1578	**affect**	[əfékt]
527	What do you say to getting together	1579	**what do you say to**	
		1580	**get together**	
	one of these days?	1581	**one of these days**	
528	Strange to say,	1582	**strange to say**	
		1583	**abruptly**	[əbrʌ́ptli]
	they abruptly got divorced.	1584	**divorce**	[divɔ́:rs]
529	Their assessment	1585	**assessment**	[əsésmənt]
		1586	**fair**	[féər]
	is fair and rational.	1587	**rational**	[rǽʃənl]
530	I suppose	1588	**suppose**	[səpóuz]
		1589	**absorb**	[əbsɔ́:rb]
	the material absorbs sweat.	1590	**sweat**	[swét]

消化の不調が	1576 (形) **消化の** digest (動) ～を消化する
	1577 (名) **不調**、無秩序
私の仕事に影響している。	1578 (動) **～に影響する**
集まるのはどうですか	1579 (熟) **～はどうですか** (≒ how about)
	1580 (熟) **集まる** (≒ gather)
近いうちに。	1581 (熟) **近いうちに**
奇妙なことに、	1582 (熟) **奇妙なことに**
	1583 (副) **突然** abrupt (形) 突然の
彼らは突然離婚した。	1584 (動) **～を離婚させる**　(名) 離婚
彼らの査定は	1585 (名) **査定** assess (動) ～を査定する
	1586 (形) **公平な**
公平で合理的だ。	1587 (形) **合理的な**
私は思う	1588 (動) **～と思う** supposition (名) 想定
	1589 (動) **～を吸収する** absorption (名) 吸収
その素材は汗を吸収する。	1590 (名) **汗**

STAGE 3

Unit 107

No.	Phrase	No.	Word
531	I was in a hurry	1591	**in a hurry**
	for the appointment with my clients.	1592	**appointment** [əpɔ́intmənt]
		1593	**client** [kláiənt]
532	There is an exit	1594	**exit** [égzət]
	at the end of this aisle.	1595	**end** [énd]
		1596	**aisle** [áil]
533	I hear he tried gene therapy.	1597	**gene** [dʒí:n]
	What for?	1598	**therapy** [θérəpi]
		1599	**what for**
534	Cleanse away dirt	1600	**cleanse** [klénz]
	and eliminate germs.	1601	**eliminate** [ilímənèit]
		1602	**germ** [dʒə́:rm]
535	To begin with,	1603	**to begin with**
	relieve your tension.	1604	**relieve** [rilí:v]
		1605	**tension** [ténʃən]

私は急いでいた	1591 (熟) **急いで**
	1592 (名) **面会の約束**、任命
依頼人と会う約束のため。	1593 (名) **依頼人**
出口がある	1594 (名) **出口**
	1595 (名) **端**、終わり (動) 終わる
この通路の突き当りに。	1596 (名) **通路**
彼は遺伝子治療を試したらしい。	1597 (名) **遺伝子** genetic (形) 遺伝子の
	1598 (名) **療法**
何のためだろう。	1599 (熟) **何のため**
汚れを洗い落としなさい	1600 (動) **〜を洗浄する**
	1601 (動) **〜を除去する** (≒ get rid of)
そして菌を除去しなさい。	1602 (名) **菌**
初めに、	1603 (熟) **初めに** (≒ to start with)
	1604 (動) **〜を解放する** relief (名) 安心、緩和
君の緊張を解きなさい。	1605 (名) **緊張** tense (形) 緊張した

STAGE 3

Unit 108

536

In contrast,

the mortality is declining.

1606 **in contrast**

1607 **mortality** [mɔ:rtǽləti]

1608 **decline** [dikláin]

537

The function

sounds extraordinary.

1609 **function** [fʌ́ŋkʃən]

1610 **sound** [sáund]

1611 **extraordinary** [ikstrɔ́:rdənèri]

538

Thus, I suspect

he cheated on the test.

1612 **thus** [ðʌ́s]

1613 **suspect** [səspékt]

1614 **cheat** [tʃí:t]

539

By accident, I ran into her

for the first time in 5 years.

1615 **by accident**

1616 **run into**

1617 **for the first time**

540

It's peculiar

per capita income has diminished.

1618 **peculiar** [pikjú:ljər]

1619 **per capita**

1620 **diminish** [dímíniʃ]

対照的に、 死亡率が低下している。	1606 (熟) **対照的に** (to, with) 1607 (名) **死亡率** mortal (形) 死すべき 1608 (動) **低下する**、～を断る (名) 下降
その機能は 並はずれているようだ。	1609 (名) **機能** (動) 機能する 1610 (動) **～に聞こえる** (名) 音 1611 (形) **並はずれた**
それゆえに、私は疑っている 彼はその試験でカンニングをした。	1612 (副) **それゆえに** 1613 (動) **～を疑う** [ˊ –] (名) 容疑者 suspicion (名) 疑い 1614 (動) **～をだます**
偶然、私は彼女に出会った 5 年ぶりに。	1615 (熟) **偶然** (≒ by chance) 1616 (熟) **出会う** (≒ run across) 1617 (熟) **はじめて** first of all まず第一に
それは奇妙だ 一人当たりの収入が減っている。	1618 (形) **奇妙な**、特有の 1619 (熟) **一人当たりの** 1620 (動) **減る**、～を減らす

STAGE 3

Unit 109

No.	Phrase	Entry	Word
541	We'll collect data	1621	**collect** [kəlékt]
		1622	**verify** [vérəfài]
	to verify the hypothesis.	1623	**hypothesis** [haipáθəsis]
542	They enjoy ultimate luxury.	1624	**ultimate** [ʌ́ltəmət]
		1625	**luxury** [lʌ́kʃəri]
	It's too extravagant.	1626	**extravagant** [ikstrǽvəgənt]
543	You're supposed to take off your shoes	1627	**be supposed to (do)**
		1628	**take off**
	and put on slippers.	1629	**put on**
544	They distribute	1630	**distribute** [distríbju:t]
		1631	**hazard** [hǽzərd]
	a hazard map and a brochure.	1632	**brochure** [brouʃúər]
545	I fell down	1633	**fall down**
		1634	**steep** [stí:p]
	a steep slope.	1635	**slope** [slóup]

私たちはデータを集めるつもりだ	1621 (動) **～を集める** collection (名) 収集
	1622 (動) **～を検証する**
その仮説を検証するために。	1623 (名) **仮説** hypothetical (形) 仮説の
彼らは究極のぜいたくを楽しむ。	1624 (形) **究極の**
	1625 (名) **ぜいたく** luxurious (形) ぜいたくな
それはあまりの浪費だ。	1626 (形) **浪費して**
君は靴を脱ぐことになっている	1627 (熟) **～することになっている**
	1628 (熟) **～を脱ぐ**、離陸する
そしてスリッパをはく。	1629 (熟) **～を身につける**
彼らは配布する	1630 (動) **～を配布する**、～を分配する distribution (名) 分配
	1631 (名) **危険**
ハザードマップと小冊子を。	1632 (名) **小冊子**
私は倒れた	1633 (熟) **倒れる** (過 fell 過分 fallen)
	1634 (形) **険しい**
急な坂で。	1635 (名) **坂**、斜面

STAGE 3

Unit 110

546	Literacy stems	1636 **literacy** [lítərəsi]
		1637 **stem** [stém]
	from sufficient education.	1638 **sufficient** [səfíʃənt]
547	She persisted and brought about	1639 **persist** [pərsíst]
		1640 **bring about**
	an incredible result.	1641 **incredible** [inkrédəbl]
548	I hate him because he's impatient	1642 **hate** [héit]
		1643 **impatient** [impéiʃənt]
	and always frustrated.	1644 **frustrate** [frʌ́streit]
549	He grinned and assured us	1645 **grin** [grín]
		1646 **assure** [əʃúər]
	everything was under control.	1647 **under control**
550	The linguist compares	1648 **linguist** [líŋgwist]
		1649 **compare** [kəmpéər]
	how the words are pronounced.	1650 **pronounce** [prənáuns]

識字能力は生じる	1636 (名) **識字能力** literate (形) 識字の
	1637 (動) **生じる** (≒ arise) (名) 茎
十分な教育から。	1638 (形) **十分な**
彼女は固執し、そして引き起こした	1639 (動) **固執する** (in) persistence (名) 固執
	1640 (熟) **～を引き起こす** (≒ cause)
信じられない結果を。	1641 (形) **信じられない** credit (名) 信用
私は彼を憎む、なぜなら彼は短気だ	1642 (動) **～を憎む** hatred (名) 憎しみ
	1643 (形) **短気な** patient (形) 我慢強い (名) 患者
そしていつもイライラしている。	1644 (動) **～をイライラさせる**、挫折させる frustration (名) 挫折
彼は、にやりとして私たちに保証した	1645 (動) **にやりと笑う**
	1646 (動) **～を保証する** assurance (名) 保証
全ては抑制されていた。	1647 (熟) **抑制されている** out of control 手に負えない
その言語学者は比較する	1648 (名) **言語学者** linguistics (名) 言語学
	1649 (動) **～を比較する** comparison (名) 比較
いかにその単語が発音されるか。	1650 (動) **～を発音する** pronunciation (名) 発音

STAGE 3

Unit 111

551	We have access to / the full contents.	1651 **have access to** 1652 **full** [fúl] 1653 **content** [kάntent]
552	The burglar attempted / to break into a house.	1654 **burglar** [bə́:rglər] 1655 **attempt** [ətémpt] 1656 **break into**
553	The liquid / is too thick to swallow.	1657 **liquid** [líkwid] 1658 **thick** [θík] 1659 **swallow** [swάlou]
554	The fashion suits / this desert climate.	1660 **suit** [sú:t] 1661 **desert** [dézərt] 1662 **climate** [kláimit]
555	As a result, / I gave in to temptation.	1663 **as a result** 1664 **give in** 1665 **temptation** [temptéiʃən]

私たちは利用できる

1651 (熟) **～を利用できる**
access (名) 接近

1652 (形) **完全な**

その完全な内容を。

1653 (名) **内容**
[– ˊ] (形) 満足した

その泥棒は試みた

1654 (名) **泥棒**

1655 (動) **～を試みる**　(名) 試み

家に侵入することを。

1656 (熟) **～に侵入する**

その液は

1657 (名) **液体**
solid (名) 固体　gas (名) 気体

1658 (形) **濃い**、厚い
thin (形) 薄い

飲み込むにはあまりに濃い。

1659 (動) **～を飲み込む** (名) つばめ

そのファッションは合う

1660 (動) **～に合う**
suitable (形) 適した

1661 (名) **砂漠**
[– ˊ] (動) ～を見捨てる

この砂漠気候に。

1662 (名) **気候**

結果的に、

1663 (熟) **結果的に** (of)

1664 (熟) **屈する** (to)
(≒ give way)

私は誘惑に屈した。

1665 (名) **誘惑**
tempt (動) ～を誘惑する

STAGE 3

Unit 112

No.	Sentence	No.	Word	Pronunciation
556	We can't identify	1666	**identify**	[aidéntəfài]
		1667	**factor**	[fǽktər]
	the main factor as yet.	1668	**as yet**	
557	It helps relax	1669	**relax**	[rilǽks]
		1670	**tight**	[táit]
	your tight muscles.	1671	**muscle**	[mʌ́sl]
558	He is anxious	1672	**anxious**	[ǽŋ(k)ʃəs]
		1673	**contend**	[kənténd]
	about contending with that bully.	1674	**bully**	[búli]
559	We talk over coffee	1675	**talk over**	
		1676	**cozy**	[kóuzi]
	in a cozy and comfortable shop.	1677	**comfortable**	[kʌ́mftəbl]
560	He is determined	1678	**determined**	[ditə́:rmind]
		1679	**get through**	
	to get through this by himself.	1680	**by oneself**	

私たちは特定できない	1666 (動) **～を特定する**、～を同一視する identity (名) 正体
	1667 (名) **要因**
主な要因を今はまだ。	1668 (熟) **今はまだ**
それは和らげる助けになる	1669 (動) **～を和らげる**
	1670 (形) **硬い**、きつい tighten (動) ～を締める
君の硬い筋肉を。	1671 (名) **筋肉**
彼は心配している	1672 (形) **心配して** anxiety (名) 心配
	1673 (動) **争う** (with) contention (名) 争い
あのいじめっ子と争うことについて。	1674 (名) **いじめっ子**　(動) ～をいじめる
私たちはコーヒーを飲みながら話す	1675 (熟) **～しながら話す**
	1676 (形) **居心地のよい**
心地よく快適な店内で。	1677 (形) **快適な** comfort (動) ～を慰める (名) 楽
彼は決意している	1678 (形) **決意した** determine (動) ～を決める
	1679 (熟) **～を終える** (≒ finish)
これを彼一人で終えようと。	1680 (熟) **ひとりで** (≒ for oneself / alone)

STAGE 3

Unit 113

561	It bothers me	1681	**bother**	[bɑ́ðər]
		1682	**consult**	[kənsʌ́lt]
	to consult a professional.	1683	**professional**	[prəféʃənl]
562	I'm pessimistic by nature,	1684	**pessimistic**	[pèsəmístik]
		1685	**by nature**	
	not optimistic.	1686	**optimistic**	[ɑ̀ptəmístik]
563	The ship floated	1687	**float**	[flóut]
		1688	**dense**	[déns]
	in a dense fog.	1689	**fog**	[fɔ́:g]
564	He is noted	1690	**be noted for**	
		1691	**keen**	[kí:n]
	for his keen insight.	1692	**insight**	[ínsàit]
565	It is broadcast	1693	**broadcast**	[brɔ́:dkæ̀st]
		1694	**via**	[váiə / ví:ə]
	via satellite.	1695	**satellite**	[sǽtəlàit]

それは私を悩ます

1681 (動) **～を悩ます**
bothersome (形) わずらわしい

1682 (動) **～に相談する**
consultation (名) 相談

専門家に相談すること。

1683 (名) **専門家**　(形) 専門の
profession (名) 専門職

私は生まれつき悲観的だ、

1684 (形) **悲観的な**
pessimism (名) 悲観主義

1685 (熟) **生まれつき**

楽観的ではない。

1686 (形) **楽観的な**
optimism (名) 楽観主義

その船は浮かんでいた

1687 (動) **浮かぶ**

1688 (形) **濃い**
density (名) 密度

濃い霧の中に。

1689 (名) **霧**
foggy (形) 霧のかかった

彼は知られている

1690 (熟) **～で知られている**

1691 (形) **鋭い**、熱心な

彼の鋭い洞察力で。

1692 (名) **洞察力**

それは放送される

1693 (動) **～を放送する**　(名) 放送
(過・過分 broadcast)

1694 (前) **～経由で**

衛星経由で。

1695 (名) **衛星**

STAGE 3

Unit 114

566	She embraced the orphan tenderly.	1696 **embrace** [imbréis] 1697 **orphan** [ɔ́:rfən] 1698 **tenderly** [téndərli]
567	We have made our way steadily so far.	1699 **make one's way** 1700 **steadily** [stédili] 1701 **so far**
568	The candle glows dimly.	1702 **candle** [kǽndl] 1703 **glow** [glóu] 1704 **dimly** [dímli]
569	I'll compensate for the damage on behalf of my son.	1705 **compensate** [kámpənsèit] 1706 **damage** [dǽmidʒ] 1707 **on behalf of**
570	Reading comprehension is indispensable in every field.	1708 **comprehension** [kàmprihénʃən] 1709 **indispensable** [ìndispénsəbl] 1710 **field** [fí:ld]

彼女はその孤児を抱いた

優しく。

1696 (動) **〜を抱く**

1697 (名) **孤児**
orphanage (名) 孤児院

1698 (副) **優しく**
tender (形) 優しい

私たちは進んできた

着実にこれまで。

1699 (熟) **進む**

1700 (副) **着実に**
steady (形) 着実な

1701 (熟) **これまで**

そのろうそくは

薄暗く光る。

1702 (名) **ろうそく**

1703 (動) **光る**

1704 (副) **薄暗く**
dim (形) 薄暗い

私はその損害を補うつもりだ

私の息子に代わって。

1705 (動) **補う** (for)
compensation (名) 補償

1706 (名) **損害**

1707 (熟) **〜に代わって**

読解力は

あらゆる分野で不可欠だ。

1708 (名) **理解**
comprehend (動) 〜を理解する

1709 (形) **不可欠の**

1710 (名) **分野**、野原

STAGE 3

Unit 115

No.	Sentence	Entry No.	Word	Pronunciation
571	Your sacrifice will pay off in the long run.	1711	sacrifice	[sǽkrəfàis]
		1712	pay off	
		1713	in the long run	
572	As a rule, we offer some discount.	1714	as a rule	
		1715	offer	[ɔ́:fər]
		1716	discount	[dískaunt]
573	Don't interrupt my midday nap.	1717	interrupt	[ìntərʌ́pt]
		1718	midday	[míddèi]
		1719	nap	[nǽp]
574	The architect designed this unique structure.	1720	architect	[á:rkətèkt]
		1721	design	[dizáin]
		1722	structure	[strʌ́ktʃər]
575	The shift to remote work is under way now.	1723	shift	[ʃíft]
		1724	remote	[rimóut]
		1725	under way	

君の犠牲は実を結ぶだろう	1711	(名) **犠牲** (動) ～を犠牲にする
	1712	(熟) **実を結ぶ**
長期的には。	1713	(熟) **長期的には**
一般的に、	1714	(熟) **一般的に** (≒ in general)
	1715	(動) **～を提供する**、～を申し出る (名) 提供、申し出
私たちは少し割引をする。	1716	(名) **割引** (動) ～を割り引く
邪魔しないで	1717	(動) **～を中断させる** interruption (名) 中断
	1718	(名) **真昼**
私の昼寝を。	1719	(名) **うたた寝** (動) うたた寝する
その建築家が設計した	1720	(名) **建築家** architecture (名) 建築
	1721	(動) **～を設計する** (名) 設計
この独特な構造を。	1722	(名) **構造**
リモートワークへの移行は	1723	(名) **移行** (動) ～を移す
	1724	(形) **遠い**
今進行中だ。	1725	(熟) **進行中** under construction 工事中

STAGE 3

Unit 116

576	They adjust the system	1726	**adjust** [ədʒʌ́st]
		1727	**so as to (do)**
	so as to meet the criteria.	1728	**criterion** [kraitíəriən]
577	Satellites rotate in orbit	1729	**rotate** [róuteit]
		1730	**orbit** [ɔ́:rbit]
	around the planets.	1731	**planet** [plǽnit]
578	I attribute my failure	1732	**attribute** [ətríbju:t]
		1733	**external** [ikstə́:rnl]
	to external and internal factors.	1734	**internal** [intə́:rnl]
579	He makes believe to be an expert	1735	**make believe**
		1736	**expert** [ékspə:rt]
	by showing off knowledge.	1737	**show off**
580	Don't make light of	1738	**make light of**
		1739	**value** [vǽlju:]
	the value of discipline.	1740	**discipline** [dísəplin]

彼らはそのシステムを調整する	1726	(動) **～を調節する** adjustment (名) 調整
	1727	(熟) **～するように**
基準に合うように。	1728	(名) **基準** (複 –ria)
衛星は軌道上を回る	1729	(動) **回る** rotation (名) 回転
	1730	(名) **軌道**
その惑星の周りの。	1731	(名) **惑星**
私は自分の失敗をせいにする	1732	(動) **～のせいにする** (to)
	1733	(形) **外部の**
外的そして内的な要因の。	1734	(形) **内部の**
彼は専門家のふりをする	1735	(熟) **ふりをする** (≒ pretend)
	1736	(名) **専門家**
知識を見せつけることで。	1737	(熟) **～を見せつける**
軽視しないで	1738	(熟) **～を軽視する** (≒ make little of)
	1739	(名) **価値** (動) ～を評価する
規律の価値を。	1740	(名) **規律** disciple (名) 弟子

STAGE 3

Unit 117

581	She wiped her face	1741 **wipe** [wáip]
	to conceal her tears.	1742 **conceal** [kənsí:l]
		1743 **tear** [tíər]
582	The top priority is to carry out	1744 **priority** [praiɔ́:rəti]
	the command.	1745 **carry out**
		1746 **command** [kəmǽnd]
583	The warranty is still valid,	1747 **warranty** [wɔ́:rənti]
	but will expire soon.	1748 **valid** [vǽlid]
		1749 **expire** [ikspáiər]
584	The spectacular view	1750 **spectacular** [spektǽkjulər]
	was beyond description.	1751 **view** [vjú:]
		1752 **beyond description**
585	It's not genuine fur.	1753 **genuine** [dʒénjuin]
	It's an imitation.	1754 **fur** [fə́:r]
		1755 **imitation** [ìmətéiʃən]

彼女は顔をぬぐった

涙を隠すために。

1741 (動) **～をふく**

1742 (動) **～を隠す**
(≒ hide)

1743 (名) **涙**　[téə] (動) ～を裂く
(過 tore 過分 torn)

最優先は実行することだ

その命令を。

1744 (名) **優先**
prior (形) 前の

1745 (熟) **～を実行する**
carry on ～を続行する

1746 (名) **命令**　(動) ～を命じる

その保証はまだ有効だ、

しかしもうすぐ期限が切れる。

1747 (名) **保証**

1748 (形) **有効な**
void (形) 無効な

1749 (動) **期限が切れる**
expiration (名) 期限切れ

その壮大な眺めは

表現できないほどだった。

1750 (形) **壮大な**
spectacle (名) 壮観

1751 (名) **眺め**、見解　(動) ～を見る

1752 (熟) **表現できないほど**

それは本物の毛皮ではない。

それは模造品だ。

1753 (形) **本物の**

1754 (名) **毛皮**

1755 (名) **模造**、模倣
imitate (動) ～を真似る

STAGE 3

Unit 118

No.	Sentence	No.	Word
586	Gravity binds matter	1756	**gravity** [grǽvəti]
		1757	**bind** [báind]
	in the universe.	1758	**universe** [jú:nəvə̀:rs]
587	We are equipped	1759	**be equipped with**
		1760	**survival** [sərváivəl]
	with a survival instinct.	1761	**instinct** [ínstiŋkt]
588	No sooner had he caught sight of me	1762	**no sooner ~ than**
		1763	**catch sight of**
	than he started shouting.	1764	**shout** [ʃáut]
589	Her presentation is no-nonsense	1765	**presentation** [prèzəntéiʃən]
		1766	**no-nonsense** [nòunɑ́nsens]
	and very practical.	1767	**practical** [prǽktikəl]
590	You need a thread and a needle	1768	**thread** [θréd]
		1769	**needle** [ní:dl]
	to sew something.	1770	**sew** [sóu]

重力がものを結びつけている	1756 (名) **重力** grave (形) 重大な
	1757 (動) **〜を結びつける**
宇宙において。	1758 (名) **宇宙**
私たちには備わっている	1759 (熟) **〜が備わっている**
	1760 (名) **生存** survive (動) 生き残る
生存本能が。	1761 (名) **本能** instinctive (形) 本能的な
彼は私を見かけるとすぐに	1762 (熟) **〜するとすぐに** (≒ hardly 〜 when)
	1763 (熟) **〜を見かける** lose sight of 〜を見失う
どなり始めた。	1764 (動) **叫ぶ**
彼女の発表はきちんとしている	1765 (名) **口頭発表**
	1766 (形) **きちんとしている**
そしてとても実践的だ。	1767 (形) **実践的な**
君は糸と針が必要だ	1768 (名) **糸**
	1769 (名) **針**
何かを縫うためには。	1770 (動) **〜を縫う**

STAGE 3

Unit 119

591	You misunderstand her.	1771	**misunderstand** [mìsʌndərstǽnd]
		1772	**the last person to (do)**
	She is the last person to offend anyone.	1773	**offend** [əfénd]
592	I saw burning flames.	1774	**burn** [bə́:rn]
		1775	**flame** [fléim]
	It was arson.	1776	**arson** [ɑ́:rsn]
593	He tried to justify his deed	1777	**justify** [dʒʌ́stəfài]
		1778	**deed** [dí:d]
	in vain.	1779	**in vain**
594	The frost	1780	**frost** [frɔ́:st]
		1781	**gradually** [grǽdʒuəli]
	is gradually melting.	1782	**melt** [mélt]
595	Make the most of	1783	**make the most of**
		1784	**precious** [préʃəs]
	this precious opportunity.	1785	**opportunity** [ɑ̀pərt(j)ú:nəti]

君は彼女を誤解している。	1771 (動) **〜を誤解する**
	1772 (熟) **〜しそうにない人**
彼女は誰かを怒らせたりしない人だ	1773 (動) **〜を怒らせる**、〜を犯す offence (名) 攻撃
私は燃え上がる炎を見た。	1774 (動) **燃える**、〜を燃やす
	1775 (名) **炎**
それは放火だった。	1776 (名) **放火**
彼は自分の行為を正当化しようとした	1777 (動) **〜を正当化する** justification (名) 正当化
	1778 (名) **行為**
無駄に。	1779 (熟) **無駄に**
霜が	1780 (名) **霜**
	1781 (副) **徐々に** gradual (形) 段階的な
徐々に解けている。	1782 (動) **解ける**
最大限利用しなさい	1783 (熟) **〜を最大限利用する** (不利な状況では most → best)
	1784 (形) **貴重な**
この貴重な機会を。	1785 (名) **機会**

STAGE 3

Unit 120

596	Even if it's possible in theory,	1786 **even if**
		1787 **in theory**
	it's not in practice.	1788 **in practice**
597	They passed a bill	1789 **bill** [bíl]
		1790 **welfare** [wélfèər]
	on the welfare of the elderly.	1791 **elderly** [éldərli]
598	That will yield	1792 **yield** [jí:ld]
		1793 **immense** [iméns]
	an immense reward.	1794 **reward** [riwɔ́:rd]
599	Let's use tax effectively and efficiently	1795 **effectively** [iféktivli]
		1796 **efficiently** [i:fíʃəntli]
	for the sake of us all.	1797 **for the sake of**
600	As a matter of fact, we have some assets.	1798 **as a matter of fact**
		1799 **asset** [ǽset]
	But we aren't affluent.	1800 **affluent** [ǽfluənt]

たとえそれが理論的に可能でも、	1786 (熟) **たとえ〜でも**
	1787 (熟) **理論的に**
実際はそうではない。	1788 (熟) **実際は**
彼らは法案を可決した	1789 (名) **法案**、紙幣、請求書
	1790 (名) **福祉**
高齢者の福祉に関する。	1791 (形) **高齢の**
それは生み出すだろう	1792 (動) **〜を生み出す**、屈する (to)
	1793 (形) **莫大な**
莫大な報酬を。	1794 (名) **報酬**　(動) 〜に報いる
税金は効果的かつ効率的に使おう	1795 (副) **効果的に** effective (形) 効果的な
	1796 (副) **効率的に** efficient (形) 効率的な
私たちみんなのために。	1797 (熟) **〜のために**
実際、私たちには少し資産がある。	1798 (熟) **実際に**
	1799 (名) **資産** (–s) liability (名) 負債 (–ies)
しかし私たちは裕福ではない。	1800 (形) **裕福な** affluence (名) 富裕

STAGE 4

Unit 121

601	He suppressed his agony,	1801	**suppress**	[səprés]
		1802	**agony**	[ǽgəni]
	but the pain lingered.	1803	**linger**	[líŋgər]
602	The mayor showed up	1804	**mayor**	[méiər]
		1805	**show up**	
	in person.	1806	**in person**	
603	In the initial stage,	1807	**initial**	[iníʃəl]
		1808	**stage**	[stéidʒ]
	he showed a high aptitude.	1809	**aptitude**	[ǽptət(j)ù:d]
604	At last, she was arrested	1810	**at last**	
		1811	**arrest**	[ərést]
	for theft.	1812	**theft**	[θéft]
605	I observe a small organism	1813	**observe**	[əbzə́:rv]
		1814	**organism**	[ɔ́:rgənìzm]
	through a microscope.	1815	**microscope**	[máikrəskòup]

彼は自らの苦悩を抑えた、	1801	(動) **〜を抑える** suppression (名) 抑圧
	1802	(名) **苦悩**
しかしその痛みは長引いた。	1803	(動) **長引く** long (形) 長い
市長が現れた	1804	(名) **市長**
	1805	(熟) **現れる** (≒ appear)
本人自ら。	1806	(熟) **本人が**
最初の段階で、	1807	(形) **最初の** initiate (動) 〜を始める
	1808	(名) **段階**、舞台
彼は高い能力を示した。	1809	(名) **能力** apt (形) 適した、〜しがちな
ついに、彼女は逮捕された	1810	(熟) **ついに** at first 最初は
	1811	(動) **〜を逮捕する**
窃盗のために。	1812	(名) **窃盗** thief (名) 泥棒
私は小さな生物を観察する	1813	(動) **〜を観察する**、〜を守る observation (名) 観察
	1814	(名) **生物**
顕微鏡を通して。	1815	(名) **顕微鏡**

STAGE 4

Unit 122

No.	Sentence	Word No.	Word	Pronunciation
606	The noble man shows integrity and dignity.	1816	**noble**	[nóubl]
		1817	**integrity**	[intégrəti]
		1818	**dignity**	[dígnəti]
607	In fact, he pointed out quite a few mistakes.	1819	**in fact**	
		1820	**point out**	
		1821	**quite a few**	
608	Hardly had she closed her eyes when she fell asleep.	1822	**hardly ~ when**	
		1823	**close**	[klóuz]
		1824	**fall asleep**	
609	A telescope enables you to see what the naked eye can't.	1825	**telescope**	[téləskòup]
		1826	**enable**	[inéibl]
		1827	**naked**	[néikid]
610	It is a typical example of Internet fraud.	1828	**typical**	[típikəl]
		1829	**example**	[igzǽmpl]
		1830	**fraud**	[frɔ́:d]

その高貴な男は見せる	1816	(形) **高貴な** nobility (名) 高貴
	1817	(名) **誠実**
誠実さと威厳を。	1818	(名) **威厳** dignify (動) ～に威厳を与える
実際、彼は指摘した	1819	(熟) **実際**
	1820	(熟) **～を指摘する** point to ～を指し示す
かなり多くの間違いを。	1821	(熟) **かなり多くの** (可算) quite a little かなり多くの (不可算)
彼女は目を閉じるとすぐに	1822	(熟) **～するとすぐに** (≒ scarcely ～ when/before)
	1823	(動) **～を閉じる** [–s] (形) 近い
彼女は寝入った。	1824	(熟) **寝入る**
望遠鏡は君が見えるようにする	1825	(名) **望遠鏡** microscope (名) 顕微鏡
	1826	(動) **～を可能にする**
肉眼で見えないものを。	1827	(形) **裸の**
それは典型的な例だ	1828	(形) **典型的な** type (名) 型
	1829	(名) **例**
インターネット詐欺の。	1830	(名) **詐欺**

STAGE 4

Unit 123

No.	Sentence	No.	Word / Phrase
611	What makes you dwell here	1831	**what makes**
		1832	**dwell** [dwél]
	in the first place?	1833	**in the first place**
612	She quoted a proverb	1834	**quote** [kwóut]
		1835	**proverb** [prάvəːrb]
	from a classical work.	1836	**classical** [klǽsikəl]
613	Don't discriminate against the unfortunate.	1837	**discriminate** [diskrímənèit]
		1838	**unfortunate** [ʌnfɔ́ːrtʃənət]
	They need our sympathy.	1839	**sympathy** [símpəθi]
614	Biologically, they are classified	1840	**biologically** [bàiəlάːdʒikəli]
		1841	**classify** [klǽsəfài]
	in another category.	1842	**category** [kǽtəgɔ̀ːri]
615	Frankly speaking,	1843	**frankly speaking**
		1844	**feel ill at ease**
	I feel ill at ease in her presence.	1845	**in one's presence**

なぜ君はここに住むのか	1831 (熟) **なぜ**
	1832 (動) **住む**
そもそも。	1833 (熟) **そもそも**
彼女はことわざを引用した	1834 (動) **〜を引用する** quotation (名) 引用
	1835 (名) **ことわざ**
古典作品から。	1836 (形) **古典の**
不運な人々を差別してはいけない。	1837 (動) **差別する** discrimination (名) 差別
	1838 (形) **不幸な** fortunate (形) 幸運な
彼らは私たちの同情が必要だ。	1839 (名) **同情** sympathize (動) 同情する (with)
生物学的に、それらは分類される	1840 (副) **生物学的に** biology (名) 生物学
	1841 (動) **〜を分類する**
別の部類に。	1842 (名) **部類**
率直に言って、	1843 (熟) **率直に言って**
	1844 (熟) **居心地が悪い** feel at ease 居心地が良い
彼女がいると私は居心地が悪い	1845 (熟) **〜のいる所で** in one's absence 〜のいない所で

Unit 124

616	This gives off light,	1846	**give off**
		1847	**reflect** [riflékt]
	which reflects on the flat metal.	1848	**flat** [flǽt]
617	Sustainable energy	1849	**sustainable** [səstéinəbl]
		1850	**decent** [dí:snt]
	is the only decent alternative.	1851	**alternative** [ɔ:ltə́:rnətiv]
618	The ambassador was diplomatic	1852	**ambassador** [æmbǽsədər]
		1853	**diplomatic** [dìpləmǽtik]
	as courtesy demanded.	1854	**courtesy** [kə́:rtəsi]
619	I make it a rule to keep early hours	1855	**make it a rule to (do)**
		1856	**keep early hours**
	and eat moderately.	1857	**moderately** [mɑ́dərətli]
620	On the contrary, the film	1858	**on the contrary**
		1859	**live up to**
	lived up to the hype.	1860	**hype** [háip]

これは光を発し、	1846	(熟) **～を発する** (≒ emit)
	1847	(動) **反射する**、～を反映する reflection (名) 反射
それはその平らな金属上で反射する。	1848	(形) **平らな**
持続可能なエネルギーが	1849	(形) **持続可能な** sustain (動) ～を支える
	1850	(形) **妥当な**、上品な
唯一の妥当な代替手段だ。	1851	(名) **代替**　(形) 代わりの alter (動) 変わる
その大使は外交的だった	1852	(名) **大使**
	1853	(形) **外交上の** diplomacy (名) 外交
礼儀が求めたように。	1854	(名) **礼儀** courteous (形) 礼儀正しい
私は早寝早起きを習慣にしている	1855	(熟) **～を習慣にする**
	1856	(熟) **早寝早起きをする**
そして適度に食べる。	1857	(副) **適度に** moderate (形) 適度な
それどころか、その映画は	1858	(熟) **それどころか**
	1859	(熟) **～に応える**
宣伝通りだった。	1860	(名) **誇大な広告**

STAGE 4

Unit 125

621	They are entitled to receive a pension	1861 **entitle** [intáitl] 1862 **pension** [pénʃən]
	after they retire.	1863 **retire** [ritáiər]
622	I prefer the chill	1864 **chill** [tʃíl] 1865 **humid** [hjú:mid]
	to this humid and sticky night.	1866 **sticky** [stíki]
623	Few people take interest in	1867 **few** [fjú:] 1868 **take interest in**
	this type of questionnaire.	1869 **questionnaire** [kwèstʃənéər]
624	An infinite number of lights	1870 **infinite** [ínfənət] 1871 **illuminate** [ilú:mənèit]
	illuminate the avenue.	1872 **avenue** [ǽvən(j)ù:]
625	We'll check out the effect	1873 **check out** 1874 **effect** [ifékt]
	through an experiment.	1875 **experiment** [ikspérəmənt]

彼らは年金を受け取る資格がある

彼らの定年後に。

1861 (動) **〜に資格を与える**

1862 (名) **年金**

1863 (動) **引退する**
retirement (名) 引退

私は冷気を好む

この蒸し暑く、べとつく夜より。

1864 (名) **冷気**
chilly (形) ひんやりとした

1865 (形) **蒸し暑い**
humidity (名) 湿度

1866 (形) **べとつく**
stick (動) くっつく

ほとんど興味を持つ人はいない

この種のアンケートに。

1867 (形) **ほとんどない**
a few 少しの

1868 (熟) **〜に興味を持つ**

1869 (名) **アンケート**

無数のライトが

その大通りを照らす。

1870 (形) **無限の**
infinity (名) 無限

1871 (動) **〜を照らす**
illumination (名) 照明

1872 (名) **大通り**

私たちはその効果を調べるつもりだ

実験を通して。

1873 (熟) **〜を調べる**

1874 (名) **効果** (動) 〜を生み出す
effective (形) 効果的な

1875 (名) **実験**
experimental (形) 実験的な

STAGE 4

Unit 126

626	The prime minister is chosen	1876 **prime** [práim]
		1877 **minister** [mínəstər]
	by the parliament.	1878 **parliament** [pá:rləmənt]
627	They certainly take turns	1879 **certainly** [sə́:rtnli]
		1880 **take turns**
	looking after their children.	1881 **look after**
628	Without a doubt,	1882 **without (a) doubt**
		1883 **steal** [stí:l]
	they stole my original idea.	1884 **original** [ərídʒənl]
629	I envy	1885 **envy** [énvi]
		1886 **superb** [supə́:rb]
	her superb athletic ability.	1887 **athletic** [æθlétik]
630	He is sensitive	1888 **sensitive** [sénsətiv]
		1889 **delicate** [délikət]
	in a delicate and subtle way.	1890 **subtle** [sʌ́tl]

総理大臣は選ばれる	1876 (形) **主要な**
	1877 (名) **大臣**、牧師
議会によって。	1878 (名) **議会** Congress (名) 米国議会
彼らは確実に交代している	1879 (副) **確実に**
	1880 (熟) **交代する**
子供たちの世話を。	1881 (熟) **〜の世話をする** (≒ take care of)
疑いなく、	1882 (熟) **疑いなく**
	1883 (動) **〜を盗む** (過 stole 過分 stolen)
彼らは私独自の考えを盗んだ。	1884 (形) **独自の** origin (名) 起源
私はうらやむ	1885 (動) **〜をうらやむ** (名) うらやみ envious (形) うらやんだ
	1886 (形) **優れた**
彼女の優れた運動能力を。	1887 (形) **運動の** athlete (名) 運動選手
彼は敏感だ	1888 (形) **敏感な**
	1889 (形) **繊細な** delicacy (名) 繊細さ
繊細かつ微妙な形で。	1890 (形) **微妙な**

STAGE 4

Unit 127

631	They conspired	1891	**conspire** [kənspáiər]
		1892	**take over**
	to take over the management.	1893	**management** [mǽnidʒmənt]
632	The bullet penetrated his body,	1894	**bullet** [búlit]
		1895	**penetrate** [pénətrèit]
	leaving him paralyzed.	1896	**paralyze** [pǽrəlàiz]
633	I got rid of the rust	1897	**get rid of**
		1898	**rust** [rʌ́st]
	on the edge.	1899	**edge** [édʒ]
634	I still remember	1900	**remember** [rimémbər]
		1901	**devastate** [dévəstèit]
	how devastated the region was.	1902	**region** [rí:dʒən]
635	The abstract picture	1903	**abstract** [ǽbstrækt]
		1904	**hang** [hǽŋ]
	was hung upside down.	1905	**upside down**

彼らは共謀した	1891 (動) **共謀する**
	1892 (熟) **〜を引き継ぐ**
その経営を引き継ごうと。	1893 (名) **経営** manage (動) 〜を営む
その弾丸は彼の体を貫通し	1894 (名) **弾丸**
	1895 (動) **〜を貫く** penetration (名) 貫通
彼をまひ状態にした。	1896 (動) **〜をまひさせる** paralysis (名) まひ
私はさびを取り除いた	1897 (熟) **〜を取り除く** (≒ remove / eliminate)
	1898 (名) **さび** rusty (形) さびた
その刃の上の。	1899 (名) **刃**、端
私はまだ覚えている	1900 (動) **〜を覚えている** remembrance (名) 思い出
	1901 (動) **〜を荒廃させる**
いかにその地域が荒廃していたか。	1902 (名) **地域** regional (形) 地域の
その抽象画は	1903 (形) **抽象的な** [– ́] (動) 〜を抽象化する
	1904 (動) **〜を掛ける** (過・過分 hung)
逆さまに掛けられていた。	1905 (熟) **逆さまに** inside out 裏返しに

STAGE 4

Unit 128

636	We can't do without irrigation	1906	**do without**
		1907	**irrigation** [ìrəgéiʃən]
	for growing crops.	1908	**crop** [kráp]
637	I discouraged him	1909	**discourage** [diskə́:ridʒ]
		1910	**discard** [diská:rd]
	from discarding his faith lightly.	1911	**faith** [féiθ]
638	It may be inevitable.	1912	**inevitable** [inévətəbl]
		1913	**exclude** [iksklú:d]
	We can't exclude that possibility.	1914	**possibility** [pàsəbíləti]
639	Cost is by far	1915	**by far**
		1916	**challenging** [tʃǽlindʒiŋ]
	the most challenging aspect.	1917	**aspect** [ǽspekt]
640	Obesity is dramatically	1918	**obesity** [oubí:səti]
		1919	**dramatically** [drəmǽtikəli]
	on the increase.	1920	**on the increase**

私たちには灌漑が欠かせない	1906 (熟) **～なしですます**
	1907 (名) **灌漑（かんがい）**
作物を育てるために。	1908 (名) **作物**
私は彼に思いとどまらせた	1909 (動) **～をやめさせる** (～ from)
	1910 (動) **～を捨てる**
安易に信仰を捨てないように。	1911 (名) **信仰**、信頼 faithful (形) 忠実な
それは必然的かもしれない。	1912 (形) **必然的な** (≒ unavoidable)
	1913 (動) **～を除外する** exclusive (形) 独占的な
私たちはその可能性を除外できない。	1914 (名) **可能性** possible (形) 可能な
費用がはるかに	1915 (熟) **はるかに**
	1916 (形) **難しい**、挑戦的な challenge (名) 挑戦
最も難しい側面だ。	1917 (名) **側面**
肥満が急激に	1918 (名) **肥満** obese (形) 肥満の
	1919 (副) **急激に**
増加中だ。	1920 (熟) **増加中**

STAGE 4

Unit 129

641	A shrewd merchant	1921	**shrewd**	[ʃrú:d]
		1922	**merchant**	[mə́:rtʃənt]
	runs the shop.	1923	**run**	[rʌ́n]
642	The military regime	1924	**military**	[mílitèri]
		1925	**regime**	[rəʒí:m]
	made a new scheme.	1926	**scheme**	[skí:m]
643	I'm willing to donate money	1927	**be willing to (do)**	
		1928	**donate**	[dóuneit]
	for education.	1929	**education**	[èdʒukéiʃən]
644	Are you for or against	1930	**for or against**	
		1931	**transplant**	[trænsplǽnt]
	the idea of transplanting organs?	1932	**organ**	[ɔ́:rgən]
645	Interaction will lessen	1933	**interaction**	[ìntərǽkʃən]
		1934	**lessen**	[lésn]
	friction among people.	1935	**friction**	[fríkʃən]

抜け目のない商人が	1921	(形) **抜け目のない**
	1922	(名) **商人**
この店を経営している。	1923	(動) **～を経営する**、走る
その軍事政権が	1924	(形) **軍隊の**
	1925	(名) **政治体制**
新たな計画を立てた。	1926	(名) **計画**
私は喜んでお金を寄付する	1927	(熟) **喜んで～する**
	1928	(動) **～を寄付する** donation (名) 寄付
教育のために。	1929	(名) **教育** educate (動) ～を教育する
君は賛成か反対か	1930	(熟) **～に賛成か反対か**
	1931	(動) **～を移植する**
臓器移植をするという考えに。	1932	(名) **臓器**
交流が減らすだろう	1933	(名) **交流**、相互作用 interact (動) 相互作用する
	1934	(動) **～を少なくする**
人々の間の摩擦を。	1935	(名) **摩擦**

STAGE 4

Unit 130

646	We should preserve	1936	**preserve** [prizə́:rv]
		1937	**endanger** [indéindʒər]
	endangered species.	1938	**species** [spí:ʃi:z]
647	Instead of working overtime,	1939	**instead of**
		1940	**overtime** [óuvərtaim]
	let's call it a day.	1941	**call it a day**
648	Public transportation	1942	**transportation** [trænspərtéiʃən]
		1943	**convenient** [kənví:njənt]
	is convenient and cheap.	1944	**cheap** [tʃí:p]
649	There's a great deal of competition,	1945	**a great deal of**
		1946	**competition** [kàmpətíʃən]
	which is just fierce.	1947	**fierce** [fíərs]
650	The painting is rendered	1948	**render** [réndər]
		1949	**pure** [pjúər]
	in a pure and refined style.	1950	**refine** [rifáin]

私たちは保護すべきだ

1936 (動) **～を保存する**
preservation (名) 保存

1937 (動) **～を危険にさらす**

絶滅危惧種を。

1938 (名) **種** (しゅ)

残業する代わりに、

1939 (熟) **～の代わりに**

1940 (副) **時間外で**

今日は終わりにしよう。

1941 (熟) **一日の仕事を終える**

公共交通機関は

1942 (名) **交通機関**、輸送
transport (動) ～を輸送する

1943 (形) **便利な**
convenience (名) 便利

便利で安い。

1944 (形) **安い**

多くの競争がある、

1945 (熟) **多くの**
(≒ a good deal of)

1946 (名) **競争**
compete (動) 競争する

それはまさに激しい。

1947 (形) **激しい**

その絵画は表現されている

1948 (動) **～を表現する**、～にする

1949 (形) **純粋な**
purify (動) ～を浄化する

純粋かつ洗練された形式で。

1950 (動) **～を洗練する**

STAGE 4

Unit 131

651	Your daily work	1951 **daily** [déili]
	will bear fruit without fail.	1952 **bear fruit**
		1953 **without fail**
652	They intruded onto my property.	1954 **intrude** [intrú:d]
		1955 **property** [prɑ́pərti]
	I can't overlook that fact.	1956 **overlook** [òuvəlúk]
653	It's obvious	1957 **obvious** [ɑ́bviəs]
		1958 **certain** [sə́:rtn]
	a certain idea crossed his mind.	1959 **cross one's mind**
654	To get the diameter,	1960 **diameter** [daiǽmətər]
		1961 **double** [dʌ́bl]
	double the radius.	1962 **radius** [réidiəs]
655	That is to say,	1963 **that is to say**
		1964 **guess** [gés]
	your guess is wide of the mark.	1965 **wide of the mark**

君の日々の働きは	1951 (形) **日々の** day (名) 日
	1952 (熟) **実を結ぶ**
必ず実を結ぶだろう。	1953 (熟) **必ず**
彼らは私の私有地に侵入した。	1954 (動) **押し入る** intrusion (名) 侵入
	1955 (名) **財産**、特性
私はその事実を見逃せない。	1956 (動) **～を見逃す**、～を見渡す
それは明らかだ	1957 (形) **明らかな**
	1958 (形) **ある**、確かな
ある考えが彼の心に浮かんだ。	1959 (熟) **心に浮かぶ**
直径を得るためには、	1960 (名) **直径**
	1961 (動) **～を倍にする**　(名) 2倍
半径を倍にしなさい。	1962 (名) **半径**
つまり、	1963 (熟) **つまり**
	1964 (名) **推測**　(動) ～を推測する
君の推測は的外れだ。	1965 (熟) **的外れで**

STAGE 4

Unit 132

656	Her response	1966	**response** [rispɑ́ns]
		1967	**brief** [brí:f]
	was brief and to the point.	1968	**to the point**
657	The valley has	1969	**valley** [vǽli]
		1970	**geographically** [dʒì:əgrǽfikəli]
	geographically diverse features.	1971	**diverse** [divə́:rs / dai-]
658	The priest's reasoning	1972	**priest** [prí:st]
		1973	**deliberately** [dilíbərətli]
	was deliberately obscure.	1974	**obscure** [əbskjúər]
659	Pardon me. Did you happen to see	1975	**pardon me**
		1976	**happen to (do)**
	a black puppy?	1977	**puppy** [pʌ́pi]
660	Refugees receive sanitary products	1978	**refugee** [rèfjudʒí:]
		1979	**sanitary** [sǽnətèri]
	for nothing.	1980	**for nothing**

彼女の返答は

短く的確だった。

1966 (名) **返答**
respond (動) 返答する

1967 (形) **短い**

1968 (熟) **的確な**

その谷は持つ

地理的に多様な特徴を。

1969 (名) **谷**

1970 (副) **地理的に**
geography (名) 地理

1971 (形) **多様な**
diversity (名) 多様性

その聖職者の理由づけは

故意にあいまいなものだった。

1972 (名) **聖職者**、僧

1973 (副) **故意に**
deliberate (形) 故意の (動) 考える

1974 (形) **あいまいな**

すみません。ひょっとして見ましたか

黒い子犬を。

1975 (熟) **すみません**、失礼ですが

1976 (熟) **たまたま〜する**

1977 (名) **子犬**
kitten (名) 子猫

難民は衛生用品を受け取る

無料で。

1978 (名) **難民**

1979 (形) **衛生の**
sanitation (名) 衛生

1980 (熟) **無料で**、無駄に

STAGE 4

Unit 133

661	It is an honor to be nominated	1981	**honor** [ánər]
		1982	**nominate** [náməněit]
	for the award.	1983	**award** [əwɔ́:rd]
662	I edited the manuscript,	1984	**edit** [édit]
		1985	**manuscript** [mǽnjuskrìpt]
	deleting some parts.	1986	**delete** [dilí:t]
663	Do away with that old-fashioned rule.	1987	**do away with**
		1988	**old-fashioned** [óuldfǽʃənd]
	It's out of date.	1989	**out of date**
664	After wandering for years,	1990	**wander** [wándər]
		1991	**settle down**
	they settled down in a small province.	1992	**province** [právins]
665	It aroused	1993	**arouse** [əráuz]
		1994	**profound** [prəfáund]
	a profound rage in her.	1995	**rage** [réidʒ]

候補に指名されることは名誉だ	1981 (名) **名誉** honorable (形) 名誉ある
	1982 (動) **～を (候補に) 指名する** nomination (名) 指名
その賞に対して。	1983 (名) **賞** (動) ～を授与する
私はその原稿を編集した、	1984 (動) **～を編集する**
	1985 (名) **原稿**
一部を削除しながら。	1986 (動) **～を削除する**
その旧式の規則を廃止しなさい。	1987 (熟) **～を廃止する** (≒ abolish)
	1988 (形) **旧式の**
それは時代遅れだ。	1989 (熟) **時代遅れの** up to date 現代的な
何年もさまよった後、	1990 (動) **さまよう**
	1991 (熟) **定住する**、落ち着く
彼らは小さな地方に定住した。	1992 (名) **地方**
それは呼び起こした	1993 (動) **～を呼び起こす**
	1994 (形) **深い**
深い怒りを彼女の中に。	1995 (名) **激怒**

STAGE 4

Unit 134

	Sentence	Vocabulary
666	He manipulates well	1996 **manipulate** [mənípjulèit]
		1997 **intricate** [íntrikət]
	that intricate instrument.	1998 **instrument** [ínstrəmənt]
667	To tell the truth, I have little	1999 **to tell the truth**
		2000 **have ~ in common**
	in common with my neighbors.	2001 **neighbor** [néibər]
668	Various mammals	2002 **mammal** [mǽməl]
		2003 **inhabit** [inhǽbit]
	inhabit this realm.	2004 **realm** [rélm]
669	I looked over the data	2005 **look over**
		2006 **confirm** [kənfə́:rm]
	to confirm it was updated.	2007 **update** [ʌ́pdèit / -déit]
670	A foreign crew	2008 **crew** [krú:]
		2009 **navigate** [nǽvəgèit]
	navigated our voyage.	2010 **voyage** [vɔ́iidʒ]

彼はうまく操作する	1996 (動) **〜を操作する** manipulation (名) 操作
	1997 (形) **複雑な**
その複雑な機器を。	1998 (名) **機器**、楽器 instrumental (形) 役立つ、楽器の
実を言うと、私はほとんど持っていない	1999 (熟) **実を言うと**
	2000 (熟) **〜を共通に持つ**
隣人たちとの共通点を。	2001 (名) **隣人** neighborhood (名) 近所
さまざまな哺乳類が	2002 (名) **哺乳類**
	2003 (動) **〜に住む** inhabitant (名) 住人
この領域に生息している。	2004 (名) **領域**
私はそのデータに目を通した	2005 (熟) **〜に目を通す** (≒ go over)
	2006 (動) **〜を確認する** confirmation (名) 確認
それの更新を確認するために。	2007 (動) **〜を更新する** (名) 更新
外国人乗組員が	2008 (名) **乗組員**
	2009 (動) **〜を操縦する**、〜航行する
私たちの航海の舵（かじ）をとった。	2010 (名) **航海**

STAGE 4

Unit 135

671	It's not necessarily easy	2011 **not necessarily**
	to uphold your ideals.	2012 **uphold** [ʌphóuld]
		2013 **ideal** [aidí:əl]
672	How do you define "parallel"	2014 **define** [difáin]
		2015 **parallel** [pǽrəlèl]
	in geometry?	2016 **geometry** [dʒiɑ́mətri]
673	Never fail to hand in	2017 **never fail to (do)**
		2018 **hand in**
	documents on time.	2019 **document** [dɑ́kjumənt]
674	Enormous amounts of chemicals	2020 **enormous** [inɔ́:rməs]
		2021 **chemical** [kémikəl]
	are utilized today.	2022 **utilize** [jú:təlàiz]
675	They spoiled the vast nature.	2023 **spoil** [spɔ́il]
		2024 **vast** [vǽst]
	We feel furious.	2025 **furious** [fjúəriəs]

それは必ずしも簡単ではない	2011 (熟) **必ずしも〜ではない** (≒ not always)
	2012 (動) **〜を守る**、〜を支える
君の理想を維持すること。	2013 (名) **理想** (形) 理想的な
どうやって「平行」を定義するのか	2014 (動) **〜を定義する** definition (名) 定義
	2015 (名) **平行**
幾何学において。	2016 (名) **幾何学** algebra (名) 代数
必ず提出しなさい	2017 (熟) **必ず〜する**
	2018 (熟) **〜を提出する** (≒ turn in / submit)
書類を時間通りに。	2019 (名) **書類**
途方もない量の化学物質が	2020 (形) **途方もない**
	2021 (名) **化学物質** (形) 化学の
今日利用されている。	2022 (動) **〜を利用する** utility (名) 有用性
彼らはその広大な自然を台なしにした。	2023 (動) **〜を台なしにする**、〜を甘やかす
	2024 (形) **広大な** vastness (名) 広大さ
私たちは激怒している。	2025 (形) **激怒した** fury (名) 激怒

STAGE 4

Unit 136

676	We search for	2026 **search for**
	raw materials.	2027 **raw** [rɔ́:]
		2028 **material** [mətíəriəl]
677	Both companies can prosper	2029 **prosper** [práspər]
	through their intense rivalry.	2030 **intense** [inténs]
		2031 **rivalry** [ráivəlri]
678	They exert	2032 **exert** [igzə́:rt]
	a direct and excessive influence.	2033 **direct** [dirékt / dai-]
		2034 **excessive** [iksésiv]
679	We burst out laughing	2035 **burst out *do*ing**
	at his silly, funny joke.	2036 **silly** [síli]
		2037 **funny** [fʌ́ni]
680	She was so upset by the consequences	2038 **upset** [ʌpsét]
	that she burst into tears.	2039 **consequence** [kánsəkwèns]
		2040 **burst into**

私たちは探し求めている	2026 (熟) **～を探し求める** search (動) ～を探る
	2027 (形) **生の**
原材料を。	2028 (名) **材料**、物質
両方の企業が繁栄できる	2029 (動) **繁栄する** prosperity (名) 繁栄
	2030 (形) **激しい** intensity (名) 激しさ
それらの激しい競争意識を通して。	2031 (名) **競争意識** rival (名) 競争相手
彼らは発揮する	2032 (動) **～を発揮する** exertion (名) 発揮
	2033 (形) **直接の** (動) ～を指導する
直接かつ過度の影響力を。	2034 (形) **過度の** excess (名) 過度
私たちは爆笑した	2035 (熟) **急に～する** (過・過分 burst)
	2036 (形) **ばかげた**
彼のばかげた、おかしな冗談に。	2037 (形) **おかしな**
彼女はその結果にとても動揺して	2038 (動) **～を動揺させる**、～を怒らせる (形) 取り乱した
	2039 (名) **結果** (≒ result)
彼女は急に泣き出した。	2040 (熟) **急に～する**

STAGE 4

Unit 137

No.	Sentence	No.	Word
681	They extract minerals	2041	**extract** [ikstrǽkt]
		2042	**mineral** [mínərəl]
	from the mine.	2043	**mine** [máin]
682	People were shocked	2044	**shock** [ʃák]
		2045	**release** [rilí:s]
	by his release from prison.	2046	**prison** [prízn]
683	She came by a large sum of money	2047	**come by**
		2048	**sum** [sʌ́m]
	by chance.	2049	**by chance**
684	The dark side of the corporation	2050	**dark** [dá:rk]
		2051	**corporation** [kɔ̀:rpəréiʃən]
	came to light.	2052	**come to light**
685	He spoke eloquently,	2053	**eloquently** [éləkwəntli]
		2054	**gesture** [dʒéstʃər]
	aided by gestures and fluent English.	2055	**fluent** [flú:ənt]

彼らは鉱物を取り出す	2041 (動) **～を取り出す**
	2042 (名) **鉱物**
その鉱山から。	2043 (名) **鉱山**
人々は衝撃を受けた	2044 (動) **～に衝撃を与える** (名) 衝撃
	2045 (名) **解放**、発表 (動) ～を解放する、～を発表する
彼の監獄からの釈放に。	2046 (名) **監獄**
彼女は大金を手に入れた	2047 (熟) **～を手に入れる** (≒ get)
	2048 (名) **金額**、合計
偶然に。	2049 (熟) **偶然に** (≒ by accident)
その企業の暗い面が	2050 (形) **暗い** bright (形) 明るい
	2051 (名) **企業**
明るみに出た。	2052 (熟) **明るみに出る**
彼は雄弁に話した、	2053 (副) **雄弁に** eloquent (形) 雄弁な
	2054 (名) **身振り**
身振りや流ちょうな英語に助けられながら。	2055 (形) **流ちょうな** fluency (名) 流ちょうさ

Unit 138

No.	Sentence	No.	Word	Pronunciation
686	We will prolong	2056	**prolong**	[prəlɔ́:ŋ]
		2057	**term**	[tə́:rm]
	the terms of the contract.	2058	**contract**	[kɑ́ntrækt]
687	I can't afford to rent a house,	2059	**afford**	[əfɔ́:rd]
		2060	**rent**	[rént]
	let alone buy one.	2061	**let alone**	
688	The monarchy collapsed,	2062	**monarchy**	[mɑ́nərki]
		2063	**collapse**	[kəlǽps]
	and a republic was born.	2064	**republic**	[ripʌ́blik]
689	He denies	2065	**deny**	[dinái]
		2066	**have to do with**	
	he had directly to do with the bribery.	2067	**bribery**	[bráibəri]
690	The chart illustrates	2068	**illustrate**	[íləstrèit]
		2069	**merchandize**	[mə́:rtʃəndàiz]
	how merchandise prices fluctuate.	2070	**fluctuate**	[flʌ́ktʃuèit]

私たちは延長するつもりだ

2056 (動) **〜を延長する**

2057 (名) **期間**、用語、条件 (-s)

その契約期間を。

2058 (名) **契約**

私は家を借りる余裕がない、

2059 (動) **〜の余裕がある**

2060 (動) **〜を借りる** (名) 家賃
rental (形) 賃貸の

買うことはなおさらだ。

2061 (熟) **なおさら**
(≒ not to mention)

その君主制が崩壊した、

2062 (名) **君主制**

2063 (動) **崩壊する**、(人が) 倒れる

そして共和国が生まれた。

2064 (名) **共和国**

彼は否定している

2065 (動) **〜を否定する**
denial (名) 否定

2066 (熟) **〜と関係がある**

彼がそのわいろと直接関係したことを。

2067 (名) **わいろ**
bribe (動) 〜にわいろを贈る

その図が例証している

2068 (動) **〜を例証する**
illustration (名) 例証

2069 (名) **商品**

いかに商品価格が変動するか。

2070 (動) **変動する**
fluctuation (名) 変動

STAGE 4

Unit 139

691	An excellent and novel idea	2071	**excellent**	[éksələnt]
		2072	**novel**	[nάvəl]
	occurred to me.	2073	**occur to**	
692	Chances are	2074	**chances are**	
		2075	**postpone**	[pous(t)póun]
	they will postpone the project.	2076	**project**	[prάdʒekt]
693	We need to tackle	2077	**tackle**	[tǽkl]
		2078	**juvenile**	[dʒú:vənl]
	juvenile delinquency.	2079	**delinquency**	[dilíŋkwənsi]
694	I nearly stumbled	2080	**nearly**	[níərli]
		2081	**stumble**	[stʌ́mbl]
	on the stairs.	2082	**stair**	[stéər]
695	New buds are turning up	2083	**bud**	[bʌ́d]
		2084	**turn up**	
	here and there.	2085	**here and there**	

素晴らしくて新しい考えが	2071 (形) **素晴らしい** excel (動) ～をしのぐ
	2072 (形) **新しい** (名) 小説 novelty (名) 新しさ
私に浮かんだ。	2073 (熟) **～に思いつく**
おそらく	2074 (熟) **おそらく**
	2075 (動) **～を延期する**
彼らはその事業を延期するだろう。	2076 (名) **事業** [– ́] (動) ～を映し出す
私たちは取り組む必要がある	2077 (動) **～に取り組む**
	2078 (形) **若年の**
若年非行に。	2079 (名) **非行**
私はもう少しでつまずきそうだった	2080 (副) **もう少しで**
	2081 (動) **つまずく**
階段で。	2082 (名) **一段**
新たな芽が現れている	2083 (名) **芽**
	2084 (熟) **現れる** (≒ show up / appear)
あちこちに。	2085 (熟) **あちこちに**

Unit 140

696	It's so fragile I leave it as it is	2086	**fragile** [frǽdʒəl]
		2087	**as it is**
	for fear of breaking it.	2088	**for fear of**
697	I can't withstand	2089	**withstand** [wiðstǽnds]
		2090	**heat** [hí:t]
	heat or moisture.	2091	**moisture** [mɔ́istʃər]
698	Lately, I'm curious	2092	**lately** [léitli]
		2093	**curious** [kjúəriəs]
	about electronics.	2094	**electronics** [ilektrɑ́niks]
699	As for me,	2095	**as for**
		2096	**bring oneself to (do)**
	I can't bring myself to accuse him.	2097	**accuse** [əkjú:z]
700	We are made up of	2098	**be made up of**
		2099	**billion** [bíljən]
	billions of cells.	2100	**cell** [sél]

それは壊れやすいので私は放置している	2086	(形) **壊れやすい** fraction (名) 分割、分数
	2087	(熟) **そのまま**
それを割るのを恐れて。	2088	(熟) **～を恐れて**
私は耐えられない	2089	(動) **～に耐える**
	2090	(名) **暑さ**、熱
暑さや湿気に。	2091	(名) **湿気**
最近、私は好奇心を持っている	2092	(副) **最近**
	2093	(形) **好奇心のある**、奇異な
電子工学について。	2094	(名) **電子工学**
私に関して言うと、	2095	(熟) **～に関して** (≒ as to)
	2096	(熟) **～する気になる**
私は彼を非難する気になれない。	2097	(動) **～を非難する** (～ of) accusation (名) 非難
私たちは成り立っている	2098	(熟) **～で成り立っている** (≒ be composed of)
	2099	(名) **十億** million (名) 百万
何十億もの細胞で。	2100	(名) **細胞**

STAGE 4

Unit 141

701	Previously,	2101 **previously** [prí:viəsli]
		2102 **fare** [féər]
	bus fares were very low.	2103 **low** [lóu]
702	You can't measure your state in life	2104 **measure** [méʒər]
		2105 **state** [stéit]
	only in terms of money.	2106 **in terms of**
703	I earnestly	2107 **earnestly** [ə́:rnistli]
		2108 **beg** [bég]
	beg your pardon.	2109 **pardon** [pɑ́:rdn]
704	I felt distressed all the more	2110 **distress** [distrés]
		2111 **all the more**
	after he lost his temper with me.	2112 **lose one's temper**
705	Her lectures	2113 **lecture** [léktʃər]
		2114 **stimulate** [stímjulèit]
	stimulate me intellectually.	2115 **intellectually** [ìntəléktjuəli]

以前、	2101 (副) **以前** previous (形) 前の
	2102 (名) **運賃**
バス代はとても安かった。	2103 (形) **低い**
君は君の人生の状態を測れない	2104 (動) **～を測る** (名) 対策
	2105 (名) **状態**、国、州 (動) ～を言う
お金の点だけで。	2106 (熟) **～の点で**
私は真剣に	2107 (副) **真剣に** earnest (形) 真剣な
	2108 (動) **～を請う**
君の許しを請う。	2109 (名) **許し** (動) ～を許す
私はより一層苦悩した	2110 (動) **～を苦悩させる**
	2111 (熟) **より一層**
彼が私にかっとなった後。	2112 (熟) **かっとなる** keep one's temper 冷静でいる
彼女の講義は	2113 (名) **講義**
	2114 (動) **～を刺激する** stimulation (名) 刺激
私を知的に刺激する。	2115 (副) **知的に** intellect (名) 知性

STAGE 4

Unit 142

706	This shrine	2116	**shrine** [ʃráin]
		2117	**holy** [hóuli]
	is a holy site for us.	2118	**site** [sáit]
707	It's common for him to be absent,	2119	**common** [kάmən]
		2120	**absent** [ǽbsənt]
	not to mention being late.	2121	**not to mention**
708	Remarkably, she stood out	2122	**remarkably** [rimά:rkəbli]
		2123	**stand out**
	among the crowd.	2124	**crowd** [kráud]
709	Simultaneous interpretation	2125	**simultaneous** [sàiməltéiniəs]
		2126	**interpretation** [intə̀:rprətéiʃən]
	is provided at the conference.	2127	**conference** [kάnfərəns]
710	They are breeding	2128	**breed** [brí:d]
		2129	**herd** [hə́:rd]
	a herd of cattle.	2130	**cattle** [kǽtl]

この神社は	2116 (名) **神社**、聖堂
	2117 (形) **神聖な**
私たちにとって神聖な場所だ。	2118 (名) **場所**
欠席は彼にとって普通だ	2119 (形) **普通の**、共通の
	2120 (形) **欠席した** absence (名) 不在
遅刻は言うまでもない。	2121 (熟) **〜は言うまでもなく** (≒ not to speak of)
著しく、彼女は目立っていた	2122 (副) **著しく** remarkable (形) 著しい
	2123 (熟) **目立つ** outstanding (形) 目覚ましい
その群衆の中で。	2124 (名) **群衆**、混雑
同時通訳が	2125 (形) **同時の**
	2126 (名) **通訳**、解釈 interpret (動) 通訳する、を解する
その会議で提供される。	2127 (名) **会議** confer (動) 話し合う
彼らは飼育している	2128 (動) **〜を飼育する**
	2129 (名) **群れ**
ウシの群れを。	2130 (名) **ウシ**

STAGE 4

Unit 143

711	She indulges in shopping,	2131	**indulge** [indʌ́ldʒ]
		2132	**result in**
	which results in heavy debt.	2133	**debt** [dét]
712	He ended up	2134	**end up**
		2135	**miserable** [mízərəbl]
	with a miserable and pathetic life.	2136	**pathetic** [pəθétik]
713	The images contain	2137	**image** [ímidʒ]
		2138	**static** [stǽtik]
	static and dynamic ones.	2139	**dynamic** [dainǽmik]
714	Her address	2140	**address** [ədrés]
		2141	**unite** [ju:náit]
	united the nation.	2142	**nation** [néiʃən]
715	Pull over here. Thanks for giving a ride.	2143	**pull over**
		2144	**give a ride**
	Say hello to your wife.	2145	**say hello to**

彼女は買い物にふけっている、 それは大借金をもたらしている。	2131 (動) **ふける** (in) indulgence (名) 道楽 2132 (熟) **〜をもたらす** 2133 (名) **借金**
彼は結局終わった みじめで哀れな生活で。	2134 (熟) **結局〜に終わる** 2135 (形) **みじめな** misery (名) みじめさ 2136 (形) **哀れな**
その画像は含む 静的かつ動的なものを。	2137 (名) **画像**、イメージ 2138 (形) **静的な** 2139 (形) **動的な**
彼女の演説は その国を一つにした。	2140 (名) **演説**、住所 (動) 〜に取り組む 2141 (動) **〜を一つにする** 2142 (名) **国**、国民 national (形) 国の
ここで止めて。乗せてくれてありがとう。 奥さんによろしく。	2143 (熟) **(車を) 道路脇に止める** 2144 (熟) **〜を車に乗せる** 2145 (熟) **〜によろしく言う** (≒ give one's regards to)

STAGE 4

Unit 144

716	On average,	2146	**on average**
		2147	**female** [fí:meil]
	females live longer than males.	2148	**male** [méil]
717	They pledge	2149	**pledge** [plédʒ]
		2150	**eternal** [itə́:rnl]
	eternal fidelity.	2151	**fidelity** [fidéləti]
718	Sooner or later, they'll discover	2152	**sooner or later**
		2153	**discover** [diskʌ́vər]
	some clue.	2154	**clue** [klú:]
719	We are confronted	2155	**confront** [kənfrʌ́nt]
		2156	**entirely** [intáiərli]
	with an entirely new phase.	2157	**phase** [féiz]
720	I can't figure this out.	2158	**figure out**
		2159	**brain** [bréin]
	My brain is boiling.	2160	**boil** [bɔ́il]

Track No,

平均して、	2146 (熟) **平均して**
	2147 (名) **女性** (形) 女性の
女性は男性よりも長生きをする。	2148 (名) **男性** (形) 男性の
彼らは誓う	2149 (動) **誓う** (名) 誓い
	2150 (形) **永遠の**
永遠の忠誠を。	2151 (名) **忠誠**
遅かれ早かれ、彼らは発見するだろう	2152 (熟) **遅かれ早かれ**
	2153 (動) **～を発見する** discovery (名) 発見
何らかの手がかりを。	2154 (名) **手がかり**
私たちは直面している	2155 (動) **～に直面させる** confrontation (名) 対立
	2156 (副) **全く** entire (形) 全体の
全く新しい局面に。	2157 (名) **局面**
私はこれを理解できない。	2158 (熟) **～を理解する**
	2159 (名) **脳**
私の脳は沸騰している。	2160 (動) **沸騰する**

STAGE 4

Unit 145

No.	Sentence	Word No.	Word	Pronunciation
721	His impulse to run	2161	**impulse**	[ímpʌls]
		2162	**hostile**	[hástl]
	topped his hostile urge.	2163	**urge**	[ə́:rdʒ]
722	We cut down on our living expenses	2164	**cut down on**	
		2165	**expense**	[ikspéns]
	for a rainy day.	2166	**for a rainy day**	
723	This medal is a token	2167	**token**	[tóukən]
		2168	**splendid**	[spléndid]
	of our splendid triumph.	2169	**triumph**	[tráiəmf]
724	I managed to borrow money	2170	**manage to (do)**	
		2171	**borrow**	[bárou]
	at a low interest rate.	2172	**interest**	[íntərəst]
725	I'll omit some portions	2173	**omit**	[oumít]
		2174	**portion**	[pɔ́:rʃən]
	to clarify the meaning.	2175	**clarify**	[klǽrəfài]

日本語	番号	意味
彼の逃げたいという衝動が	2161	(名) **衝動** (urge よりも突発的)
	2162	(形) **敵対的な** hostility (名) 敵意
彼の敵対的な衝動に勝った。	2163	(名) **衝動** (動) ～を強いる
私たちは生活費を削減する	2164	(熟) **～を削減する** (≒ reduce)
	2165	(名) **費用** expensive (形) 高価な
まさかの時のために。	2166	(熟) **まさかの時のために**
このメダルは印だ	2167	(名) **印**
	2168	(形) **素晴らしい**
私たちの素晴らしい勝利の。	2169	(名) **勝利**
私は何とかお金を借りた	2170	(熟) **何とか～する**
	2171	(動) **～を借りる**
低い利子率で。	2172	(名) **利子**、利益、興味
私はいくつかの部分を省こう	2173	(動) **～を省く** omission (名) 省略
	2174	(名) **一部**
その意味を明確にするために。	2175	(動) **～を明確にする**

STAGE 4

Unit 146

726	They imposed a restraint on new deals	2176 **impose** [impóuz] 2177 **restraint** [ristréint]
	and a ban on exports.	2178 **ban** [bǽn]
727	We long for peace,	2179 **long for** 2180 **peace** [pí:s]
	not a conflict.	2181 **conflict** [kɑ́nflikt]
728	The factory was shut down	2182 **factory** [fǽktəri] 2183 **shut down**
	due to the recession.	2184 **recession** [rì:séʃən]
729	They have an advanced system	2185 **advance** [ædvǽns] 2186 **virtual** [və́:rtʃuəl]
	of virtual reality.	2187 **reality** [riǽləti]
730	What's wrong? You look pale.	2188 **wrong** [rɔ́:ŋ] 2189 **pale** [péil]
	Stay in the shade.	2190 **shade** [ʃéid]

彼らは新たな取引に規制を課した	2176 (動) **～を課す** imposition (名) 課すこと
	2177 (名) **規制**、抑制 restrain (動) ～を抑制する
そして輸出の禁止を。	2178 (名) **禁止** (動) ～を禁じる
私たちは平和を望んでいる、	2179 (熟) **～を望む**
	2180 (名) **平和** peaceful (形) 平和な
争いではない。	2181 (名) **争い**
その工場は閉鎖された	2182 (名) **工場**
	2183 (熟) **～を閉鎖する**
不景気のために。	2184 (名) **不景気** recess (名) 休憩
それらは進んだシステムを持つ	2185 (動) **～を進める** (名) 前進
	2186 (形) **仮想の**、実質上の
仮想現実の。	2187 (名) **現実** real (形) 現実の
どうしたの。君は顔色が悪い。	2188 (形) **間違った**
	2189 (形) **青白い**
日陰にいなさい。	2190 (名) **日陰** shadow (名) 影

STAGE 4

Unit 147

731	They resort to violence	2191	**resort to**
		2192	**violence** [váiələns]
	to rule the country.	2193	**rule** [rú:l]
732	I'm at the bottom of the hierarchy	2194	**bottom** [bátəm]
		2195	**hierarchy** [háiərà:rki]
	among residents here.	2196	**resident** [rézədənt]
733	We were informed	2197	**inform** [infɔ́:rm]
		2198	**secret** [sí:krit]
	of the secret tactics.	2199	**tactics** [tǽktiks]
734	It is a suicidal action.	2200	**suicidal** [sù:əsáidl]
		2201	**action** [ǽkʃən]
	You could be their prey.	2202	**prey** [préi]
735	I'll rest a bit, and catch up with them	2203	**a bit**
		2204	**catch up with**
	as soon as possible.	2205	**as ~ as possible**

彼らは暴力に訴える	2191 (熟) **〜に訴える** resort (名) 頼ること、保養地
	2192 (名) **暴力** violent (形) 暴力的な
国を支配するために。	2193 (動) **〜を支配する**　(名) ルール
私は序列の底辺にいる	2194 (名) **底**
	2195 (名) **階級制**
ここの住人の間で。	2196 (名) **住人** reside (動) 住む
私たちは伝えられた	2197 (動) **〜に伝える** (〜 of) information (名) 情報
	2198 (形) **秘密の**　(名) 秘密
その秘密の戦術について。	2199 (名) **戦術**
それは自殺行為だ。	2200 (形) **自殺的な** suicide (名) 自殺
	2201 (名) **行動**
君は彼らのえじきになりうる。	2202 (名) **えじき**
私は少し休む、そして彼らに追いつく	2203 (熟) **少し** (≒ a little)
	2204 (熟) **〜に追いつく** keep up with 〜について行く
できるだけ早く。	2205 (熟) **できるだけ〜** (≒ as 〜 as one can)

STAGE 4

Unit 148

736	If it falls apart, I'll put it together	2206	**fall apart**
		2207	**put together**
	one way or another.	2208	**one way or another**
737	His outstanding play	2209	**outstanding** [àutstǽndiŋ]
		2210	**fascinate** [fǽsənèit]
	fascinates the spectators.	2211	**spectator** [spékteitər]
738	He dedicated himself	2212	**dedicate** [dédikèit]
		2213	**expedition** [èkspədíʃən]
	to the expedition to another continent.	2214	**continent** [kántənənt]
739	As of yesterday,	2215	**as of**
		2216	**more than**
	more than 50 members had registered.	2217	**register** [rédʒistər]
740	In the end,	2218	**in the end**
		2219	**treasure** [tréʒər]
	they found treasure in a tomb.	2220	**tomb** [tú:m]

それが壊れたら、私がそれを組み立てる	2206 (熟) **壊れる**
	2207 (熟) **～を組み立てる** (≒ assemble)
どうにかして。	2208 (熟) **どうにかして**
彼の目覚ましいプレーは	2209 (形) **目覚ましい**
	2210 (動) **～を魅了する**
観客を魅了する。	2211 (名) **観客** audience (名) 聴衆
彼は自らを捧げた	2212 (動) **～を捧げる** dedication (名) 献身
	2213 (名) **遠征** expedite (動) ～を早める
他の大陸への遠征に。	2214 (名) **大陸**
昨日の時点で、	2215 (熟) **～の時点で**
	2216 (熟) **～以上** (≒ over)
50 人以上のメンバーが登録していた。	2217 (動) **登録する** registration (名) 登録
結局、	2218 (熟) **結局** (≒ after all)
	2219 (名) **宝**
彼らは墓の中に宝を見つけた。	2220 (名) **墓** (≒ grave)

STAGE 4

Unit 149

741	I twisted and bent	2221 **twist** [twíst]
		2222 **bend** [bénd]
	the branch.	2223 **branch** [brǽntʃ]
742	The sign indicates	2224 **indicate** [índikèit]
		2225 **vacant** [véikənt]
	whether it is vacant or occupied.	2226 **occupy** [ákjupài]
743	We take it for granted	2227 **take ~ for granted**
		2228 **domestic** [dəméstik]
	to do domestic work by turns.	2229 **by turns**
744	His insulting remarks	2230 **insult** [insʌ́lt]
		2231 **remark** [rimá:rk]
	got on my nerves.	2232 **get on one's nerves**
745	Paradoxically,	2233 **paradoxically** [pæ̀rədáksikəli]
		2234 **accelerate** [æksélərèit]
	it accelerates the reverse flow.	2235 **reverse** [rivə́:rs]

私はねじって曲げた	2221	(動) **～をねじる**
	2222	(動) **～を曲げる**
その枝を。	2223	(名) **枝**、支店
その印が示す	2224	(動) **～を示す** index (名) 指針、索引
	2225	(形) **空いている** vacancy (名) 空白
それが空きか使用中か。	2226	(動) **～を占める** occupation (名) 占有、職業
私たちはそれを当然だと思う	2227	(熟) **～を当然だと思う**
	2228	(形) **家庭の**、国内の
家の仕事を交代ですること。	2229	(熟) **交代で**
彼の侮辱的な発言が	2230	(動) **侮辱する** [ˊ –] (名) 侮辱
	2231	(名) **発言**　(動) 言う
私をイラつかせた。	2232	(熟) **～をイラつかせる** (≒ irritate)
逆説的だが、	2233	(副) **逆説的に** paradox (名) 逆説
	2234	(動) **～を速める**
それは逆の流れを速める。	2235	(形) **逆の**

STAGE 4

Unit 150

746	Whether awake or asleep,	2236	**awake** [əwéik]
		2237	**asleep** [əslí:p]
	I'm obsessed with the idea.	2238	**obsess** [əbsés]
747	When shaking hands,	2239	**shake hands**
		2240	**bow** [báu]
	he bows and extends his hand.	2241	**extend** [iksténd]
748	Her vision is so ambiguous	2242	**vision** [víʒən]
		2243	**ambiguous** [æmbígjuəs]
	we are perplexed.	2244	**perplex** [pərpléks]
749	Probably the status quo	2245	**probably** [prábəbli]
		2246	**status quo**
	will change for the better.	2247	**for the better**
750	They have lost	2248	**lose** [lú:z]
		2249	**considerable** [kənsídərəbl]
	a considerable proportion of the profit.	2250	**proportion** [prəpɔ́:rʃən]

起きていても眠っていても、	2236 (形) **起きた** (動) 起きる 2237 (形) **眠った**
私はその考えにとりつかれている。	2238 (動) **~にとりつく** obsession (名) 執着
握手をする時、	2239 (熟) **握手をする** (with) 2240 (動) **お辞儀をする** [bóu] (名) 弓
彼はお辞儀をして手を伸ばす。	2241 (動) **~を伸ばす** extension (名) 延長
彼女の見通しは非常にあいまいで	2242 (名) **見通し**、視力 2243 (形) **あいまいな**
私たちはとまどっている。	2244 (動) **~を当惑させる**
たぶん現状は	2245 (副) **たぶん** 2246 (熟) **現状**
好転するだろう。	2247 (熟) **より良い方へ**
彼らは失ってしまった	2248 (動) **~を失う** (過・過分 lost) loss (名) 喪失 2249 (形) **かなりの** considerate (形) 思いやりのある
その利益のかなりの割合を。	2250 (名) **割合**、比率 proportional (形) 比例した

STAGE 4

Unit 151

751	The detective / looked into the details.	2251 **detective** [ditéktiv] 2252 **look into** 2253 **detail** [ditéil]
752	On occasion, / she makes a minor error.	2254 **on occasion** 2255 **minor** [máinər] 2256 **error** [érər]
753	It is a ritual of worship / in this religion.	2257 **ritual** [rítʃuəl] 2258 **worship** [wə́:rʃip] 2259 **religion** [rilídʒən]
754	This economic reform / will restore vigor.	2260 **reform** [rifɔ́:rm] 2261 **restore** [ristɔ́:r] 2262 **vigor** [vígər]
755	They went through / a horrible tragedy.	2263 **go through** 2264 **horrible** [hɔ́:rəbl] 2265 **tragedy** [trǽdʒədi]

その刑事は	2251	(名) **刑事**、探偵 detect (動) ～を検出する
	2252	(熟) **～を調査する** (≒ investigate)
詳細を調査した。	2253	(名) **詳細**
時々、	2254	(熟) **時々**
	2255	(形) **小さな** minority (名) 少数派
彼女は小さな間違いをする。	2256	(名) **間違い** erroneous (形) 間違った
それは崇拝の儀式だ	2257	(名) **儀式**
	2258	(名) **崇拝**　(動) ～を崇拝する
この宗教における。	2259	(名) **宗教** religious (形) 宗教の
この経済改革が	2260	(名) **改革** (動) ～を改める
	2261	(動) **～を回復させる** restoration (名) 回復
活力を回復させるだろう。	2262	(名) **活力** vigorous (形) 活力のある
彼らは経験した	2263	(熟) **～を経験する** (≒ experience)
	2264	(形) **恐ろしい** horror (名) 恐怖
恐ろしい悲劇を。	2265	(名) **悲劇** tragic (形) 悲劇的な

STAGE 4

Unit 152

No.	Sentence	No.	Word
756	Time goes by like an arrow.	2266	**go by**
		2267	**arrow** [ǽrou]
	What have we accomplished ?	2268	**accomplish** [əkɑ́mpliʃ]
757	She took the initiative	2269	**initiative** [iníʃiətiv]
		2270	**critical** [krítikəl]
	and played a critical role.	2271	**role** [róul]
758	Their dialogue went on	2272	**dialogue** [dáiəlɔ̀:g]
		2273	**go on**
	forever.	2274	**forever** [fɔ:révər]
759	The affair	2275	**affair** [əféər]
		2276	**absolutely** [ǽbsəlú:tli]
	is absolutely startling.	2277	**startle** [stɑ́:rtl]
760	We are more apt to look down on others	2278	**be apt to (do)**
		2279	**look down on**
	than look up to them.	2280	**look up to**

時間が矢のように過ぎる。	2266 (熟) **過ぎる** (≒ pass by)
	2267 (名) **矢**
私たちは何を達成しただろう。	2268 (動) **～を達成する** accomplishment (名) 達成
彼女は主導権をとった	2269 (名) **主導権**
	2270 (形) **重大な**、批判的な
そして重大な役割を果たした。	2271 (名) **役割** (≒ part)
彼らの対話は続いた	2272 (名) **対話**
	2273 (熟) **続く** (≒ continue)
延々と。	2274 (副) **永遠に** (≒ for good)
その出来事は	2275 (名) **出来事**
	2276 (副) **絶対に** absolute (形) 絶対的な
絶対に驚くことだ。	2277 (動) **～を驚かす**
私たちはより他人を軽蔑しがちだ	2278 (熟) **～しがちである** (≒ tend to)
	2279 (熟) **～を軽蔑する** (≒ despise)
彼らを尊敬するよりも。	2280 (熟) **～を尊敬する** (≒ respect)

STAGE 4

Unit 153

761	I resented	2281 **resent** [rizént]
		2282 **transparent** [trænspéərənt]
	the transparent lie.	2283 **lie** [lái]
762	We transformed the whole system	2284 **transform** [trænsfɔ́:rm]
		2285 **whole** [hóul]
	as a remedy.	2286 **remedy** [rémədi]
763	Apes resemble	2287 **ape** [éip]
		2288 **resemble** [rizémbl]
	human beings.	2289 **human being**
764	It could be a nightmare.	2290 **nightmare** [náitmèər]
		2291 **bankrupt** [bǽŋkrʌpt]
	If they go bankrupt, we'll be out of work.	2292 **out of work**
765	My back felt somewhat sore	2293 **somewhat** [sʌ́m(h)wʌ̀t]
		2294 **sore** [sɔ́:r]
	prior to the treatment.	2295 **prior to**

私は怒った	2281 (動) **〜に怒る** resentment (名) 怒り
	2282 (形) **透明な**
その見え透いたうそに。	2283 (名) **うそ** (動) うそをつく lie (動) ある (過 lay 過分 lain)
私たちはそのシステム全体を変えた	2284 (動) **〜を変形させる** transformation (名) 変形
	2285 (形) **全体の**
救済策として。	2286 (名) **救済策**、治療
類人猿は似ている	2287 (名) **類人猿**
	2288 (動) **〜に似ている**
人間に。	2289 (熟) **人間**
それは悪夢になりかねない。	2290 (名) **悪夢**
	2291 (形) **倒産した** bankruptcy (名) 倒産
もし彼らが倒産すれば、私たちは失業だ。	2292 (熟) **失業した** (≒ unemployed)
私は背中に多少痛みを感じていた	2293 (副) **多少**
	2294 (形) **痛い**
その治療の前は。	2295 (熟) **〜の前に**

STAGE 4

Unit 154

766	We can only speculate	2296	**speculate**	[spékjulèit]
		2297	**dominate**	[dάmənèit]
	what dominates the ecosystem.	2298	**ecosystem**	[ékousìstəm]
767	She thinks nothing of	2299	**think nothing of**	
		2300	**evade**	[ivéid]
	evading taxes.	2301	**tax**	[tǽks]
768	I fell into the trap	2302	**trap**	[trǽp]
		2303	**devise**	[diváiz]
	they had devised beforehand.	2304	**beforehand**	[bifɔ́:rhæ̀nd]
769	That's why	2305	**that's why**	
		2306	**civilization**	[sìvəlizéiʃən]
	civilizations thrived along rivers.	2307	**thrive**	[θráiv]
770	Several sections were integrated	2308	**section**	[sékʃən]
		2309	**integrate**	[íntəgrèit]
	by the new administration.	2310	**administration**	[ædmìnəstréiʃən]

私たちはただ推測できるだけだ	2296 (動) **〜を推測する** speculation (名) 推測 2297 (動) **〜を支配する** dominance (名) 支配
何がその生態系を支配しているか。	2298 (名) **生態系** ecology (名) 生態学
彼女は何とも思わない	2299 (熟) **〜を何とも思わない** think much of 〜を重視する 2300 (動) **〜を逃れる** evasion (名) 回避
税金を逃れることを。	2301 (名) **税金**
私はそのわなにはまった	2302 (名) **わな** 2303 (動) **〜を考え出す** device (名) 装置
彼らが前もって考え出していた。	2304 (副) **前もって**
だから	2305 (熟) **だから〜** 2306 (名) **文明** civil (形) 市民の
文明が川に沿って栄えた。	2307 (動) **栄える** (≒ prosper)
いくつかの課が統合された	2308 (名) **課**、欄 2309 (動) **〜を統合する** integration (名) 統合
新たな執行部によって。	2310 (名) **執行部**、管理 administer (動) 〜を管理する

STAGE 4

Unit 155

No.	Sentence	No.	Word	Pronunciation
771	I repeat the same routine	2311	**repeat**	[ripí:t]
		2312	**routine**	[ru:tí:n]
	day after day.	2313	**day after day**	
772	It applies to anybody,	2314	**apply**	[əplái]
		2315	**regardless of**	
	regardless of nationality.	2316	**nationality**	[næʃənǽləti]
773	There is a wide gap	2317	**wide**	[wáid]
		2318	**gap**	[gǽp]
	among generations.	2319	**generation**	[dʒènəréiʃən]
774	It's a shame	2320	**shame**	[ʃéim]
		2321	**peril**	[pérəl]
	they are in peril of extermination.	2322	**extermination**	[ikstə̀:rmənéiʃən]
775	On the whole, it is risky	2323	**on the whole**	
		2324	**risky**	[ríski]
	to invest in a shrinking business.	2325	**shrink**	[ʃríŋk]

私は同じ決まった仕事を繰り返す	2311 (動) **～を繰り返す** repetition (名) 繰り返し
	2312 (名) **決まった仕事**
毎日毎日。	2313 (熟) **毎日毎日**
それは誰にでもあてはまる、	2314 (動) **あてはまる**、(to) 応募する application (名) 応用、応募
	2315 (熟) **～に関係なく**
国籍に関係なく。	2316 (名) **国籍**
幅広い格差がある	2317 (形) **幅広い** width (名) 幅
	2318 (名) **格差**
世代間に。	2319 (名) **世代**
それは残念だ	2320 (名) **残念**、恥 ashamed (形) 恥ずかしい
	2321 (名) **危機**
それらは絶滅の危機にある。	2322 (名) **絶滅** exterminate (動) ～を絶滅させる
概して、それは危険だ	2323 (熟) **概して**
	2324 (形) **危険な** risk (名) 危険
縮小する事業に投資すること。	2325 (名) **縮む** (過 shrank 過分 shrunk)

STAGE 4

Unit 156

No.	Sentence	No.	Word	Pronunciation
776	We ran short of funds in our account.	2326	**run short of**	
		2327	**fund**	[fʌ́nd]
		2328	**account**	[əkáunt]
777	We combine separate elements together.	2329	**combine**	[kəmbáin]
		2330	**separate**	[sépərət]
		2331	**element**	[éləmənt]
778	They stirred up a riot against the authorities.	2332	**stir**	[stə́:r]
		2333	**riot**	[ráiət]
		2334	**authority**	[əθɔ́:rəti]
779	She enjoys loneliness. No wonder she's always alone.	2335	**loneliness**	[lóunlinəs]
		2336	**no wonder**	
		2337	**alone**	[əlóun]
780	How come you prefer expensive brands?	2338	**how come**	
		2339	**prefer**	[prifə́:r]
		2340	**expensive**	[ikspénsiv]

私たちは資金が不足した	2326 (熟) **～が不足する** run out of ～を使い果たす
	2327 (名) **資金**、基金 foundation (名) 基礎
口座内の。	2328 (名) **口座**、説明　(動) 説明する
私たちは組み合わせる	2329 (動) **～を組み合わせる** combination (名) 結合
	2330 (形) **別々の**　[-reit] (動) ～を分ける separation (名) 分割
別々の要素を一緒に。	2331 (名) **要素** elementary (形) 基本的な
彼らは暴動をかき立てた	2332 (動) **～をかき立てる**、かき混ぜる
	2333 (名) **暴動**
権力者に対して。	2334 (名) **権力**、権威
彼女は孤独を楽しんでいる。	2335 (名) **孤独** lonely (形) 寂しい
	2336 (熟) **なるほど**
なるほど彼女はいつも一人だ。	2337 (形) **一人で**
なぜ君は好むのか	2338 (熟) **なぜ** (≒ why)
	2339 (動) **～の方を好む** preference (名) 選好
高価なブランドを。	2340 (形) **高価な** expense (名) 費用

STAGE 4

Unit 157

No.	Sentence	No.	Word	Pronunciation
781	They constructed a dam	2341	**construct**	[kənstrʌ́kt]
		2342	**store**	[stɔ́:r]
	to store flood water.	2343	**flood**	[flʌ́d]
782	To be specific,	2344	**specific**	[spisífik]
		2345	**emerge**	[imə́:rdʒ]
	such signs emerge spontaneously.	2346	**spontaneously**	[spɑ:ntéiniəsli]
783	It's raining off and on.	2347	**off and on**	
		2348	**call off**	
	The game will be called off before long.	2349	**before long**	
784	I presume it's hard	2350	**presume**	[prizú:m]
		2351	**tame**	[téim]
	to tame savage animals.	2352	**savage**	[sǽvidʒ]
785	Technology makes progress	2353	**technology**	[teknɑ́lədʒi]
		2354	**progress**	[prɑ́gres]
	day by day.	2355	**day by day**	

彼らはダムを建設した

2341
(動) **～を建設する**
construction (名) 建設

2342
(動) **～を蓄える**　(名) 店

洪水の水を蓄えるために。

2343
(名) **洪水**

はっきり言うと、

2344
(形) **明確な**
specify (動) ～を特定する

2345
(動) **現れる**
emergency (名) 緊急

そうした兆しは自然と現れる。

2346
(副) **自然と**
spontaneous (形) 自発的な

雨が断続的に降っている。

2347
(熟) **断続的に**

2348
(熟) **～を中止する**
(≒ cancel)

その試合はまもなく中止されるだろう。

2349
(熟) **まもなく**
(≒ soon)

私はそれは難しいと推定する

2350
(動) **～を推定する**
presumption (名) 推定

2351
(動) **～を飼いならす**　(形) なれた

野蛮な動物を飼いならすこと。

2352
(形) **野蛮な**

科学技術は進歩する

2353
(名) **科学技術**
technological (形) 科学技術の

2354
(名) **進歩**
[– ´] (動) 進歩する

日ごとに。

2355
(熟) **日ごとに**

STAGE 4

Unit 158

786	He mistook the fake	2356	**mistake**	[mistéik]
		2357	**fake**	[féik]
	as being authentic.	2358	**authentic**	[ɔ:θéntik]
787	They explained to me	2359	**explain**	[ikspléin]
		2360	**fall short of**	
	how I fall short of the standards.	2361	**standard**	[stǽndərd]
788	Feel free to ask about investments.	2362	**feel free to (do)**	
		2363	**investment**	[invéstmənt]
	We can be of help.	2364	**be of help**	
789	Despite the rough weather,	2365	**despite**	[dispáit]
		2366	**rough**	[rʌ́f]
	they left the nest.	2367	**nest**	[nést]
790	"God bless you"	2368	**bless**	[blés]
		2369	**affectionate**	[əfékʃənət]
	is an affectionate phrase.	2370	**phrase**	[fréiz]

彼はその偽物を見間違えた	2356 (動) **～を間違える** (名) 間違い
	2357 (名) **偽物**
本物として。	2358 (形) **本物の**
彼らは私に説明した	2359 (動) **～を説明する** explanation (名) 説明
	2360 (熟) **～に達しない**
いかに私が基準に達していないか。	2361 (名) **基準** standardize (動) ～を標準化する
自由に投資について尋ねてください。	2362 (熟) **自由に～する**
	2363 (名) **投資** invest (動) ～を投資する
私たちは手助けになれます。	2364 (熟) **手助けになる**
その荒れた天候にもかかわらず、	2365 (前) **～にもかかわらず** (≒ in spite of)
	2366 (形) **荒れた**
それらは巣を離れた。	2367 (名) **巣**
「神のご加護を」は	2368 (動) **～を祝福する**
	2369 (形) **愛情を込めた** affection (名) 愛情
愛情を込めた語句だ。	2370 (名) **語句**

STAGE 4

Unit 159

791	We'll hang out downtown	2371	**hang out**
		2372	**downtown** [dáuntáun]
	as usual.	2373	**as usual**
792	They record	2374	**record** [rikɔ́:rd]
		2375	**revenue** [révən(j)ù:]
	revenue and expenditure.	2376	**expenditure** [ikspénditʃər]
793	Would you mind correcting	2377	**mind** [máind]
		2378	**correct** [kərékt]
	my mistakes, if any?	2379	**if any**
794	They were unanimous	2380	**unanimous** [ju:nǽnəməs]
		2381	**erect** [irékt]
	about erecting the monument.	2382	**monument** [mánjumənt]
795	Don't be ridiculous.	2383	**ridiculous** [ridíkjuləs]
		2384	**make sense**
	It does not make sense in the least.	2385	**not ~ in the least**

私たちは繁華街をぶらつくつもりだ	2371 (熟) **ぶらつく** 2372 (副) **繁華街で**
いつものように。	2373 (熟) **いつものように**
彼らは記録する	2374 (動) **～を記録する** [ˊ –] (名) 記録 2375 (名) **歳入**
歳入と歳出を。	2376 (名) **歳出**
正すのを気にされますか（丁寧な依頼）	2377 (動) **～を気にする** (名) 心 2378 (動) **～を正す** (形) 正しい correctness 正しさ
私に間違いがあった場合。	2379 (熟) **もしあれば** if anything どちらかと言うと
彼らは満場一致だった	2380 (形) **満場一致の** 2381 (動) **～を建てる**
その記念碑を建てることに。	2382 (名) **記念碑**
ばかなことを言わないで。	2383 (形) **ばかげた** 2384 (熟) **意味をなす**
それは全く意味をなしていない。	2385 (熟) **全く～ではない** (≒ not at all)

STAGE 4

Unit 160

796	A delay in departure occurred	2386 **departure** [dipɑ́:rtʃər] 2387 **occur** [əkə́:r]
	with trains bound for Tokyo.	2388 **bound for**
797	I was robbed of my jewelry	2389 **rob** [rɑ́b] 2390 **jewelry** [dʒú:əlri]
	in a dark alley.	2391 **alley** [ǽli]
798	We attach	2392 **attach** [ətǽtʃ] 2393 **utmost** [ʌ́tmòust]
	the utmost significance to education.	2394 **significance** [signífikəns]
799	I'm fed up with	2395 **be fed up with** 2396 **hollow** [hɑ́lou]
	their hollow compliments.	2397 **compliment** [kɑ́mpləmənt]
800	I took shelter under a tree.	2398 **take shelter** 2399 **after a while**
	After a while, the rain let up.	2400 **let up**

出発に遅れが生じた	2386 (名) **出発** arrival (名) 到着
	2387 (動) **起こる** occurrence (名) 発生
東京行きの列車に。	2388 (熟) **〜行きの**
私は宝石類を奪われた	2389 (動) **〜から奪う** (〜 of) robber (名) 泥棒
	2390 (名) **宝石類** jewel (名) 宝石
暗い路地で。	2391 (名) **路地**
私たちは付与する	2392 (動) **〜を付ける** attachment (名) 付属、愛着
	2393 (形) **最大の**
最大の意義を教育に。	2394 (名) **意義** significant (形) 重大な
私はうんざりしている	2395 (熟) **〜にうんざりする** (≒ be sick and tired of)
	2396 (形) **中身のない**
彼らのうわべだけのほめ言葉に。	2397 (名) **ほめ言葉**
私は木の下に避難した。	2398 (熟) **避難する**
	2399 (熟) **しばらくして** for a while しばらくの間
しばらくして、雨が止んだ。	2400 (熟)(雨が) **止む** (過・過分 let)

INDEX

F

G

著者紹介

平山 篤（ひらやま・あつし）

山口県生まれ。山口大学卒業。日産自動車本社で輸出関連業務に携わった後、カリフォルニア州立大学留学。現在、予備校等で英語指導に従事。英検1級。著書に『CD BOOK 中学・高校6年分の英語を総復習する』『CDBOOK 中学・高校6年分の英単語を総復習する』『問題を解いて中学・高校6年分の英文法を総復習する』『3分で英文法 中高6年分をまるごとおさらい』（ベレ出版）等多数。

◉── カバー・本文デザイン　松本 聖典
◉── DTP　WAVE 清水 康広
◉── 英文校閲　James Humphreys
◉── 校正　余田 志保
◉── 音声ナレーション　Josh Keller / Anya Floris / 森 麻衣

[音声DL付] **声に出して覚える中学・高校6年分の英単語＋英熟語2400**

2021年 12月 25日　初版発行

著者	平山 篤
発行者	内田 真介
発行・発売	ベレ出版 〒162-0832　東京都新宿区岩戸町12 レベッカビル TEL.03-5225-4790　FAX.03-5225-4795 ホームページ　https://www.beret.co.jp/
印刷	モリモト印刷株式会社
製本	根本製本株式会社

落丁本・乱丁本は小社編集部あてにお送りください。送料小社負担にてお取り替えします。

ISBN 978-4-86064-674-5 C2082　編集担当　綿引ゆか